PANORAMA

2

PANORAMA

LECTURES FACILES

2

Jean-Paul Valette
Rebecca M. Valette

D. C. HEATH AND COMPANY
Lexington, Massachusetts   Toronto
HEATH

Acknowledgments

The authors would like to express their appreciation to the following teachers, who carefully reviewed the manuscript and offered many suggestions for improvement:

Charlotte Casgrain, Greenwich H.S., Greenwich, Connecticut
Natalie Goldschmidt, South Eugene H.S., Eugene, Oregon
Patricia McCann, Lincoln-Sudbury Regional H.S., Sudbury, Massachusetts

The authors also wish to thank Cynthia Fostle for her meticulous editing of the manuscript.

Illustrations: Andrew Schiff
Design: Josephine McGrath

To the Teacher

Panorama has been developed to help beginning- and inter-mediate-level French students strengthen their reading skills and expand their vocabulary comprehension. Many of the selections in this book first appeared as "Packettes," which were published and distributed by F. André Paquette Associates. In putting together this new anthology, we chose those "Packettes" which users had found most interesting and enjoyable. We also prepared several new readings based on the suggestions we received from secondary school teachers. All of the teaching apparatus that ac-companies the readings has been designed for this anthology.

Organization of the Anthology

Panorama contains twenty-five selections divided into three groups. The readings of the *Premier Niveau* utilize the present tense and the imperative. Those of the *Deuxième Niveau* contain the common past tenses: the *passé composé* and the *imparfait.* Finally, the readings of the *Troisième Niveau* introduce the future, the subjunctive, and other somewhat more difficult verb forms.

Within each *Niveau,* the readings are sequenced in order of increasing difficulty. The particular grammatical forms that are contained in a given selection are indicated both in the table of contents and at the beginning of the reading. It is assumed that students can recognize and understand these structures before beginning to read the selection.

The opening note to the student presents techniques for reading French more efficiently and lists the most common cog-nate patterns so that students will not find it so difficult to recog-nize familiar words. At the end of the book are the correct re-sponses for all activities in puzzle format and a complete French-English vocabulary.

Arrangement of Each Lesson

Each reading lesson begins with an illustrated reading. Words that a student is unlikely to know are glossed in the margin. As a rule of thumb, we glossed all noncognates that are not in-cluded in the active vocabulary of the Level One French texts most commonly used in this country. Since many teachers will skip around in the anthology and not read every selection, we glossed the unfamiliar words in each reading, even if they had occurred in an earlier reading or an earlier "Enrichissez votre vocabulaire" section.

Most reading selections are followed by a comprehension activity entitled "Avez-vous compris?" These sections have a wide variety of formats: true-false statements, crossword puzzles, hidden messages, and interpretation activities. The answers are included at the end of the book. The function of these activities is to encourage the student to read the passage more than once in search of the information requested.

Each selection closes with a section entitled "Enrichissez votre vocabulaire." This vocabulary enrichment may focus on word families, topical vocabulary, or idiomatic expressions. The presentation of the vocabulary is accompanied by one or more "Activités" in which students use the new items. Here too several different formats have been adopted to provide variety.

Teaching with *Panorama*

Before introducing any of the selections, the teacher will probably want to have the class discuss the reading suggestions contained in the preface to the student. Students should be encouraged to refer to the list of common cognate patterns whenever necessary.

The readings themselves may be either presented and read in class or assigned for outside preparation. The teacher may wish to read parts of the selections aloud to give the class additional listening practice. The comprehension activities may be done individually, in small groups, or with the entire class. Similarly, the vocabulary-building activities are both varied in structure and flexible in format. They range from tightly structured completion and multiple-choice exercises to open-ended communication activities and guided compositions.

Since each reading is accompanied with carefully planned comprehension and vocabulary expansion exercises, it is possible to let students prepare selections independently for extra-credit or enrichment activities. This flexibility is one of the key features of *Panorama*.

To the Student

The best way to acquire fluency in a new language is through frequent contact with that language. The more you listen to a new language, the easier it becomes to understand conversations and to speak. And the more you read in the new language, the greater your reading comprehension and your writing ability. For your reading practice to be most effective, it should be an enjoyable experience: the language should not be too difficult for you and the topics should be interesting. The twenty-five selections of *Panorama* have been written to meet these objectives.

Reading and Understanding

There are several techniques you can use to improve your reading ability in French. Here are a few suggestions:

1. Read the title of the selection. Some titles are straightforward and tell you exactly what the subject of the reading is: "Le Jazz en France," "Les Canadiens français." Other titles may arouse your curiosity and raise questions that the selection should answer. For example, the title "La Petite Reine" may have you wondering who the "little queen" might be (in fact, it isn't a person at all!). The expression "Adieu la France!" would be used by someone not intending to return to France again; therefore, as you read the selection you will want to discover who the person is and why the person permanently left the country.

2. The next step is to read through the whole selection in order to get the general meaning. You may want to refer to the vocabulary glosses from time to time if there are key words that are unfamiliar to you. However, you should try to go through the entire reading without stopping too frequently, since your objective is to get a general overview of what the text is all about.

3. Once you have a global impression of what the author is saying, you should go back and read the selection sentence by sentence. First of all, it is important to identify the *subject* (who is acting) and the *verb* (what action is being done). In French, as in English, the subject usually comes first and is followed by the verb. If you are not quite sure that you have found the subject of the sentence, you might look carefully at the ending of the verb: in French the verb endings always reflect the nature of the subject (in person and number). The tense of the verb also indicates the time of the action—past, present, or future.

4. As you read more slowly, try to understand the meanings of unfamiliar words.

   a. Often you can *guess meanings from context.* For example, one selection might begin: "20 avril 1534. Un navire quitte Saint-Malô, petit port de Bretagne. Jacques Cartier, son capitaine, . . ." (p. 20). You might not know the meaning of the word **navire,** but you can probably guess that if "something" is leaving a port in Brittany with a captain aboard, it must be a ship of some sort.

   b. You can also *recognize many cognates,* that is, words that have similar spellings and meanings in French and English. These words are pronounced differently in the two languages and often have slightly different meanings. As you learn to recognize cognates and as you become familiar with cognate patterns, you will find that your reading fluency will improve. (Common cognate patterns are presented in a special section beginning on page x.)

   c. You should be aware of *false cognates.* These are words that look alike in both languages but have different meanings. For example, **une lecture** is a "reading" (and not a "lecture"). If you encounter a cognate that does not seem to fit the general sentence context, look up its meaning in the end vocabulary: it may be a false cognate or a cognate with more than one meaning. (A list of the common false cognates that occur in this book is given on page xiii.)

   d. In some cases a French word may have an English cognate but may correspond to another more common noncognate word. For example, **commencer** is related to the verb "to commence" but corresponds more closely to the verb "to begin." Similarly, **augmenter** means "to augment," but the more common English equivalent is "to increase." In such cases the English cognate may remind you of the meaning of the French word.

5. Once you know the meanings of the individual words, you must reread the entire sentence. Usually there is no direct word-for-word correspondence between French and English. Each language has its own expressions and images. For example, the French phrase **le citoyen typique** (p. 3) on the word-for-word level is "the typical citizen," but in the context of a sentence it corresponds to "the average person." You will also notice that French may use the present tense to describe historic events while the same text in English sounds much better when written in the past tense. For instance, the French may write "Quand il meurt en 1903, le monde perd un grand artiste" (p. 82), but English would prefer "When he died in 1903, the world lost a great artist."

6. When you feel comfortable with the text, read it through one last time. You may even want to read it aloud to yourself. Remember that the sentences or expressions you thought clumsy or strange when compared to English do look right and sound fluent to the French speaker. Relax as you reread the selection and try to develop a feel for the way the French express themselves.

Recognizing Cognates

1. Identical cognates are easy to recognize because they are spelled (but not pronounced) the same in both languages.

   une position *a position*
   un animal *an animal*

2. Some cognates are nearly identical, with the exception that in one language they have a double consonant while in the other they have a single consonant.

   le coton *cotton*
   le succès *success*
   la littérature *literature*

3. There are many cognate patterns, that is, regular spelling changes between the two languages that make it easy to identify related words. Here are the main French-English cognate patterns with sample words taken from the reading selections.

	FRENCH ENDING	ENGLISH ENDING	EXAMPLES	
VERBS	-er	—	**passer**	*to pass*
	-er	-e	**arriver**	*to arrive*
	-er	-ate	**séparer**	*to separate*
	-quer	-cate	**indiquer**	*to indicate*
	-ier	-y	**copier**	*to copy*
	-ir	-ish	**accomplir**	*to accomplish*
	-primer	-press	**supprimer**	*to suppress*
	-tenir	-tain	**obtenir**	*to obtain*
VERBAL ENDINGS	-é	-ed	**inventé**	*invented*
	-é	-ated	**isolé**	*isolated*
	-ant	-ing	**amusant**	*amusing*
ADVERBS	-ment	-ly	**complètement**	*completely*
	-emment	-ently	**récemment**	*recently*
NOUNS	—	-e	**le désir**	*desire*
	-e	—	**la victime**	*victim*
	-e	-a	**la vanille**	*vanilla*
	-ème	-em	**un problème**	*problem*
	-eur	-er	**le porteur**	*porter*
	-eur	-or	**le moteur**	*motor*
	-re	-er	**le centre**	*center*
	-ie	-y	**la stratégie**	*strategy*
	-ique	-ic	**la musique**	*music*
	-ique	-ick	**une brique**	*brick*
	-iste	-ist	**le dentiste**	*dentist*
	-ix	-ice	**le choix**	*choice*
	-oire	-ory	**la victoire**	*victory*
	-té	-ty	**la beauté**	*beauty*

	FRENCH ENDING	ENGLISH ENDING	EXAMPLES	
ADJECTIVES	-e	—	**riche**	*rich*
	-ain(e)	-an	**humain**	*human*
	-aire	-ary	**militaire**	*military*
	-aire	-ar	**populaire**	*popular*
	-el(le)	-al	**réel**	*real*
	-eux (-euse)	-ous	**dangereux**	*dangerous*
	-ique	-ical	**typique**	*typical*
	-ique	-ic	**tragique**	*tragic*
	-ien(ne)	-ian	**indien**	*Indian*
	-iste	-istic	**optimiste**	*optimistic*
	-if (-ive)	-ive	**actif**	*active*
MISCELLANEOUS COGNATE PATTERNS		s	**le mât**	*mast*
	é-	s-	**étrange**	*strange*
	-qu-	-k-	**remarquable**	*remarkable*
	-que	-k	**la banque**	*bank*
	-ç-	-s(s)-	**la leçon**	*lesson*
	dé-	dis-	**découvrir**	*to discover*
	-s-	-z-	**organiser**	*to organize*
	-ième	-th	**dix-neuvième**	*nineteenth*
	verb + -eur	*verb* + -er	**un chanteur**	*singer*

4. Other recognizable cognates do not seem to follow predictable patterns. However, it is usually not too difficult to guess their meanings. Here are several additional cognates from the text.

un habitant	*inhabitant*
utiliser	*to use*
un événement	*event*
un violon	*violin*
un ballon	*balloon*
la valeur	*value*

5. French has also borrowed some words from English and then given them endings, where appropriate.

interviewer	*to interview*
flirter	*to flirt*
un club	*club*

Additional Examples from the Text.

	FRENCH ENDING	ENGLISH ENDING	EXAMPLES
VERBS	-er	—	consulter, toucher, inventer, représenter
	-er	-e	admirer, examiner
	-er	-ate	apprécier, estimer, hésiter, accélérer, expatrier, manipuler, illustrer, contempler, capituler, situer
	-ier	-y	multiplier, vérifier, varier
	-ir	-ish	abolir, finir
	-primer	-press	exprimer
	-tenir	-tain	maintenir

	FRENCH ENDING	ENGLISH ENDING	EXAMPLES
NOUNS	-e	—	la limite, l'origine, la guitare, le texte
	-ème	-em	l'emblème, le poème
	-eur	-or	la couleur, l'honneur, le directeur, la vapeur
	-re	-er	la lettre, l'orchestre, le membre
	-ie	-y	la copie
	-ique	-ic	la logique
	-iste	-ist	l'optimiste, le pessimiste
	-oire	-ory	la gloire, l'histoire
	-té	-ty	la simplicité, l'électricité, la majorité, l'identité, la liberté, la réalité, la difficulté, la visibilité
	-ix	-ice	le prix
ADJECTIVES	-e	—	rapide
	-ain	-an	romain
	-aire	-ary	populaire, nécessaire, littéraire, extraordinaire
	-el	-al	officiel
	-ique	-ical	comique, classique
	-ien	-ian	égyptien, italien
	-if	-ive	sportif, constructif, respectif
	-eux	-ous	généreux, mystérieux, victorieux, sérieux
MISCELLANEOUS	^	-s-	l'hôpital, la forêt, la conquête, la requête, l'hôtesse, la côte, l'île
	é-	s-	l'école, l'état, l'écureuil
	-qu-	-k-	marqué, attaquer, risque
	-ç-	-s-	maçon

OTHERS		
	réparer	*to repair*
	proclamer	*to proclaim*
	acclamer	*to acclaim*
	annoncer	*to announce*
	prononcer	*to pronounce*
	fausse	*false*
	les animaux	*animals*
	diriger	*to direct*
	protéger	*to protect*
	révéler	*to reveal*
	la ligne	*line*
	décrire	*to describe*
	intervenir	*to intervene*
	la bicyclette	*bicycle*
	l'amiral	*admiral*
	le changement	*change*
	perfectionner	*to perfect*

False Cognates

False cognates are words that look alike in English and French but have different meanings. Here are the common false cognates that occur in this book.

VERBS	MEANS	DOES NOT MEAN
assister à	to be present at, to attend	to assist ("to assist" is **aider**)
attendre	to wait, to wait for	to attend ("to attend" is **assister à**)
demander	to ask, to ask for	to demand ("to demand" is **exiger**)
quitter	to leave	to quit ("to quit" is **abandonner**)
rester	to stay	to rest ("to rest" is **se reposer**)
NOUNS		
une casserole	a pot	a casserole (dish)
une course	a race	a course ("a course of study" is **un cours**; "a course in a meal" is **un plat**)
une lecture	a reading	a lecture ("a lecture" is **une conférence**)
la marine	the navy	the Marines
ADJECTIVES		
large	broad	large ("large" is **grand**)
sensible	sensitive	sensible ("sensible" is **sensé**)

Partial cognates have related meanings in the two languages, but often they have additional meanings that are not always parallel. Here are some partial cognates that you will encounter in the text.

Commander means "to command," but also "to order."
On **commande** un repas.

Important means "important," but also "large" or "sizable."
une minorité **importante**

Table des matières

Deuxième niveau

Premier niveau

Bonjour, Monsieur Dupont!

1

Aux États-Unis, le citoyen° typique s'appelle John Smith ou peut-être John Doe. En France, il s'appelle Jacques Dupont. Est-ce que Dupont est réellement° le nom français le plus° commun? En réalité, non! D'après° une étude° statistique, le nom Dupont arrive° seulement° en dix-neuvième position . . .

citizen

really; most
according to; study
comes; only

Voici les noms de famille les plus communs en France:

1. Martin
2. Bernard
3. Thomas
4. Petit
5. Dubois
6. Durand
7. Moreau
8. Michel
9. Richard
10. Robert

Martin 16 r Bachaumont 2e - 233.57.11	**Martin** 10 r Vaucouleurs 11e - 357.27.31	**Martin André** 12 r Solitaires 19e - 200.95.01
Martin 11 r Barbet de Jouy 7e - 556.16.27	**Martin** 27 r Vaugelas 15e - 533.80.56	**Martin André** 23 bd Suchet 16e - 527.74.37
Martin 13 r Bassano 16e - 720.14.93	**Martin** 85 r Verrerie 4e - 277.40.01	**Martin André** 334 r Vaugirard 15e - 250.48.65
Martin 7 av Beaucour 8e - 563.57.21	**Martin** 6 r Victorien Sardou 16e - 527.12.99	**Martin André** 36 r Villette 19e - 201.49.36
Martin 13 r Berthe 18e - 606.83.83	**Martin** 3 bd Voltaire 11e - 355.66.11	**Martin Andrea** 50 r Justice 20e - 360.58.42
Martin 58 r Blomet 15e - 567.14.07	**Martin** 56 r Vouillé 15e - 828.79.99	**Martin Andrée** 11 r Bagnolet 20e - 379.94.47
Martin 45 r Boulets 11e - 370.94.15	**Martin** A 3Bis r Alboni 16e - 224.63.93	**Martin Andrée** 7Bis r Beilot 19e - 209.41.67
Martin 28 r Bruxelles 9e - 285.40.31	**Martin** A 6 r Annelets 19e - 202.30.17	**Martin Andrée** 174 r Belleville 20e - 366.21.47
Martin 1 pl Breteuil 7e - 567.09.38	**Martin** A 13 r Antoine Vollon 12e - 628.67.34	**Martin Andrée** 50 r Mont Cenis 18e - 257.02.34
Martin 58 pass Bureau 11e - 371.25.81	**Martin** A 48 r Argout 2e - 233.52.20	**Martin Anette** 211 bd Davout 20e - 361.02.00
Martin 4 r Carmes 5e - 033.29.41	**Martin** A 50 r Auteuil 16e - 527.54.17	**Martin Angélique** 31 r Fresnel 16e - 720.28.21
Martin 3Bis r Cambrai 19e - 203.20.70	**Martin** A 4 r Auguste Bartholdi 15e - 579.31.36	**Martin Anna** 49 r Dareau 14e - 320.64.42

En France, les noms de famille sont généralement très anciens.° Voici l'origine de quelques° noms typiques:

un prénom	Martin, Bernard, Thomas, Michel	*old; a few*
une couleur	Blanc, Brun, Leblanc, Lebrun, Lenoir	
un aspect physique	Petit, Legrand, Lebeau, Legros°	gros = *fat*
un métier ou une profession	Boucher,° Boulanger,° Charpentier,° Masson°	*butcher; baker* / *carpenter; mason*
une origine géographique	Dulac,° Dupont,° Vallée, Rivière,° Montagne, Dubois°	lac = *lake*; pont = *bridge* / *river* / bois = *woods*

Martin 51 r Lancette 12e - 340.06.07	**Martin** A 407 r Pascal 13e - 336.05.51	**Martin Béatrice** 10 villa Croix Nivert 15e - 567.17.39
Martin 44 r Labrouste 15e - 842.33.82	**Martin** A 51 r Pergolèse 16e - 500.29.51	**Martin Benoît** 9 pl Falguière 15e - 734.47.63
Martin 2 r Lebouteux 17e - 227.36.47	**Martin** A 127 av Philippe Auguste 11e - 379.11.75	**Martin Bernadette** 24 r Brillat Savarin 13e - 589.67.63
Martin 47 r Léon Frot 11e - 370.85.50	**Martin** A 65 r Pouchet 17e - 228.53.58	**Martin Bernadette** 1 r Sextius Michel 15e - 579.83.75
Martin 12 r Lécuyer 18e - 606.71.02	**Martin** A 49 r Poissonniers 18e - 264.63.68	**Martin Bernard** 7 r Atlas 19e - 200.15.85
Martin 183 r Legendre 17e - 627.13.94	**Martin** A 6 pass Postes 5e - 336.22.76	**Martin Bernard** 310 r Charenton 12e - 628.26.68
Martin 15 r Lieut Colonel Dax 18e - 254.40.74	**Martin** A 22 r Printemps 17e - 227.03.18	**Martin Bernard** 224 r fbg St Antoine 12e - 340.60.49
Martin 113 bd Macdonald 19e - 203.77.99	**Martin** A 54 r René Boulanger 10e - 206.15.72	Futur Numéro - 379.26.81
Martin 36 r Mathurin Régnier 15e - 370.94.15	**Martin** A 41 r Reuilly 12e - 346.77.51	**Martin Bernard** 37 r Le Brun 13e - 535.20.66
Martin 33 r Mathurin Régnier 15e - 567.03.20	**Martin** A 10 r Regard 6e - 544.58.28	**Martin Bernard** 354 r Lecourbe 15e - 554.73.80
Martin 9 r Mézières 6e - 548.76.74	**Martin** A 98 bd Richard Lenoir 11e - 700.38.80	**Martin Bernard** 155 r Ménilmontant 20e - 797.08.04
Martin 2 r Meaux 19e - 607.56.70	**Martin** A 7 r Rocroy 10e - 878.89.03	**Martin Bernard** 7 r Thionville 19e - 206.09.25
Martin 18 r Miromesnil 8e - 266.47.51	**Martin** A 31 r Sambre et Meuse 10e - 322.95.49	**Martin Bernard** 2 r Tiquetonne 2e - 261.60.23
Martin 72 r Michel Ange 16e - 651.18.13	**Martin** A 11 r St Yves 14e - 322.82.74	**Martin Bernard** 73 r Turbigo 3e - 272.30.41
Martin 67 r Montorgueil 2e - 236.06.62	**Martin** A 10 r St Fargeau 20e - 361.61.31	**Martin Berthe** 89 r Belliard 18e - 259.59.07
Martin 3 r Montenotte 17e - 380.15.46	**Martin** A 96 r Saussure 17e - 622.30.78	**Martin Berthe** 125 r Castagnary 15e - 533.05.52
Martin 5 r Mozart 16e - 524.24.41	**Martin** A 62 r St Didier 16e - 727.13.38	**Martin Bertrand** 22 r Rousselet 7e - 273.08.85
Martin 32 r Muller 18e - 606.18.24	**Martin** A 17 r St Sébastien 11e - 805.35.47	**Martin Blanche** 15 r St Paul 4e - 277.46.61
Martin 30 r Myrha 18e - 255.13.51	**Martin** A 8 r Ste Croix de la Bretonnerie 4e - 887.73.24	**Martin Brigitte** 23 r Dareau 14e - 535.26.73
Martin 1 pl Nation 11e - 373.69.54	**Martin** A 18 r Saussier Leroy 17e - 924.36.92	**Martin Bruno** 59 r Auteuil 16e - 288.15.94
Martin 7 r Néva 8e - 227.86.70	**Martin** A 19 bd Sébastopol 1e - 233.90.03	**Martin C** 26 r Abbé Grégoire 6e - 544.56.32
Martin 103 r Oberkampf 11e - 357.56.80	**Martin** A 107 r Tombe Issoire 14e - 322.95.49	**Martin C** 26 r Abbé Grégoire 6e - 222.68.57
Martin 22 r Oberkampf 11e - 805.66.36	**Martin** A 96 r Truffaut 17e - 627.15.94	**Martin C** 17 r Belhomme 18e - 606.88.83
Martin 13 r Olier 15e - 532.77.39	**Martin** A 211 r Université 7e - 705.05.09	**Martin C** 5 r Boucicaut 15e - 554.56.18
Martin 20 r Orchidées 13e - 588.50.23	**Martin** A 38 av Versailles 16e - 524.65.51	**Martin C** 99 r Bobillot 13e - 589.86.08
Martin 2 r Oslo 18e - 627.06.39	**Martin** A 152 bd Vincent Auriol 13e - 331.40.98	**Martin C** 54Bis r Cardinet 17e - 766.72.13
Martin 4 r Paul Saunière 16e - 870.42.85	**Martin** A 49 bd Voltaire 11e - 700.44.70	**Martin C** 12 r Edimbourg 8e - 387.05.56
Martin 21 r Peupliers 13e - 589.52.50	**Martin Abel** 10 r Capit Marchal 20e - 360.84.02	**Martin C** 87 r Choisy 13e - 589.28.03
Martin 186 bd Pereire 17e - 754.24.01	**Martin Adrienne** 189 r Pyrénées 20e - 636.84.15	**Martin C** 210 r fbg St Denis 10e - 206.65.15
Martin 81 r Picpus 12e - 307.26.76	**Martin Agnès** 1 r Beccaria 12e - 307.45.28	**Martin C** 42 r Fer à Moulin 5e - 535.83.89
Martin 30 r Plaisance 14e - 542.32.81	**Martin Agnès** 3 r Bréa 6e - 329.69.85	**Martin C** 4 r Chanzy 11e - 370.68.21
Martin 39Ter r Plantes 14e - 542.75.17	**Martin Agnès** 11 r Nicolaï 12e - 345.41.10	**Martin C** 58 av Choisy 13e - 585.02.40
Martin 3 av Porte Brunet 19e - 205.63.67	**Martin Alain** 148 r Flandre 19e - 209.50.05	**Martin C** 18 r Choron 9e - 878.13.03
Martin 70 bd Port Royal 5e - 587.34.28	**Martin Alain** 15 al Fontainebleau 19e - 201.90.31	**Martin C** 7 r Cloys 18e - 255.93.31
Martin 64 r Pré St Gervais 19e - 205.50.33	**Martin Alain** 28 r Paul Barruel 15e - 250.38.96	**Martin C** 118 bd Clichy 18e - 387.21.19
Martin 101 r Prony 17e - 267.59.78	**Martin Alain** 189 r St Denis 2e - 233.18.93	**Martin C** 16 r Crozatier 12e - 343.17.46
Martin 15 r Prairies 20e - 366.35.19	**Martin Albert** 48 r Monsieur le Prince 6e - 326.76.27	**Martin C** 70 r Damrémont 18e - 255.11.00
Martin 14 r Princesse 6e - 633.46.94	**Martin Alex** 9 r Émile Dubois 14e - 259.04.30	**Martin C** 38 r Dragon 6e - 222.16.01
Martin 21 r Quatre Frères Peignot 15e - 579.29.35	**Martin Alexandre** 51 r Decamps 16e - 504.67.95	**Martin C** 67 r Gay Lussac 5e - 255.48.12
Martin 58 r Raynouard 16e - 224.41.16	**Martin Alexis** 21 r Abbé Groult 15e - 533.37.31	**Martin C** 13 r Gandon 13e - 585.77.72
Martin 4 r Ranelagh 16e - 647.98.34	**Martin Alexis** 70 bd Ménilmontant 20e - 797.37.98	**Martin C** 12 r Groupe Manouchian 20e - 361.93.38
Martin 126 r Rennes 6e - 222.64.58	**Martin Aline** 3 imp Enfant Jésus 15e - 567.93.17	**Martin C** 10 r 8 Mai 1945 10e - 607.43.42
Martin 65 r Réaumur 2e - 236.43.96	**Martin Alvarez** 40 r Card Lemoine 5e - 329.81.74	**Martin C** 39 r La Bruyère 9e - 874.34.96
Martin 8 r Récamier 7e - 544.12.37	**Martin André** 176 bd Charonne 20e - 370.89.08	**Martin C** 108 r Longchamp 16e - 727.80.09
Martin 8 r Richepanse 1e - 260.19.40	**Martin André** 87 r Curial 19e - 209.80.68	**Martin C** 2 r Mademoiselle 15e - 533.71.31
Martin 20 r Rodier 9e - 280.38.48	**Martin André** 165 av Daumesnil 12e - 340.89.88	**Martin C** 254 r Lecourbe 15e - 842.06.74
Martin médecin 115 bd St Germain 6e - 033.21.99	**Martin André** 17 bd Davout 20e - 373.33.95	Futur Numéro - 558.06.74
Martin 41 av St Ouen 17e - 228.00.19	**Martin André** 2 r Eugène Fournière 18e - 257.95.99	**Martin C** 134 r Ménilmontant 20e - 797.67.63
Martin 101 av St Ouen 17e - 229.28.35		
Martin 249 r St Denis 2e - 236.85.74		
Martin 7 r St Luc 18e - 264.52.20		

 **AVEZ-VOUS COMPRIS?** Lisez attentivement *(carefully)* les phrases suivantes. Dites *C'est vrai!* quand une phrase est vraie. Dites *C'est faux!* quand une phrase est fausse. Si elle est fausse, expliquez pourquoi.

1. Dupont est le nom français le plus commun.
2. Jacques Martin et Monique Thomas sont des noms typiquement français.
3. Bernard est un prénom. En France, c'est aussi un nom de famille.
4. Boucher et Boulanger sont des noms d'origine professionnelle.

A. L'identité

le prénom	Je m'appelle **Jean-François**.	Je m'appelle **Monique**.
le nom de famille	Je m'appelle **Martinot**.	Je m'appelle **Paquette**.
l'adresse *(f.)*	J'habite **à Marseille**.	J'habite **à Québec**.
	J'habite **5, avenue Pasteur**.	J'habite **6, rue Saint-Jean**.
la profession	Je suis **étudiant**.	Je suis **étudiante**.
la nationalité	Je suis **français**.	Je suis **canadienne**.
la date de naissance	Je suis né **le 2 juin**.	Je suis née **le 3 octobre**.

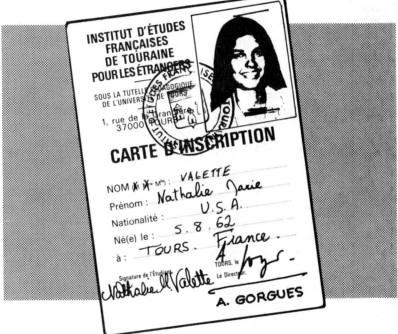

ACTIVITÉ 1

1. Quel est votre prénom?
2. Quel est le prénom de votre meilleur(e) ami(e)?
3. Quel est votre nom de famille?
4. Quel est le nom de famille de votre professeur?

5. Est-ce que votre nom de famille est d'origine française? anglaise? allemande? espagnole?
6. Quelle est votre date de naissance?
7. Quelle est la date de naissance de votre mère?

ACTIVITÉ 2
Imaginez que vous voulez travailler pour une compagnie *(company)* française. Donnez votre identité complète sur une feuille de papier *(on a sheet of paper)*.

B. Les métiers et les professions

En général, une personne qui exerce *(practices)* un **métier** fait un travail manuel *(craft)*.

Une personne qui exerce une **profession** fait un travail qui nécessite *(requires)* des qualités intellectuelles ou artistiques.

Quelques métiers

un électricien		*electrician*
un maçon		*mason*
un mécanicien		*mechanic*
un plombier		*plumber*

D'autres métiers

un boucher	une bouchère	*butcher*
un boulanger	une boulangère	*baker*
un coiffeur	une coiffeuse	*hairdresser*
un cuisinier	une cuisinière	*cook*
un épicier	une épicière	*grocer*
un garçon	une serveuse	*waiter (waitress)*
un pâtissier	une pâtissière	*pastry cook*
un vendeur	une vendeuse	*salesperson*

Quelques professions

un architecte	une architecte	*architect*
un chimiste	une chimiste	*chemist*
un dentiste	une dentiste	*dentist*
un journaliste	une journaliste	*journalist*
un pharmacien	une pharmacienne	*druggist, pharmacist*
un professeur		*teacher, professor*
un programmeur	une programmeuse	*computer programmer*

D'autres professions

un avocat	une avocate	*lawyer*
un cadre		*executive*
un comptable	une comptable	*accountant*
un écrivain		*writer*
un infirmier	une infirmière	*nurse*
un médecin		*doctor*

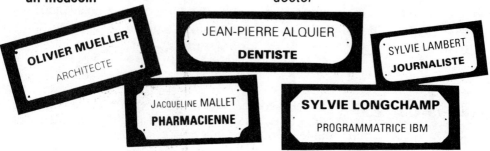

OLIVIER MUELLER
ARCHITECTE

JEAN-PIERRE ALQUIER
DENTISTE

SYLVIE LAMBERT
JOURNALISTE

JACQUELINE MALLET
PHARMACIENNE

SYLVIE LONGCHAMP
PROGRAMMATRICE IBM

Notes 1. The names of certain trades and professions have only a masculine form.

Madame Thomas est **mon professeur** d'anglais.

2. After **être,** the indefinite article **(un, une, des)** is usually omitted before a noun designating a profession, unless that noun is modified by an adjective.

Mon père est **dentiste.**
Je veux être **journaliste.**
But: Monsieur Moreau est **un excellent architecte.**

ACTIVITÉ 3 Lisez ce que font les personnes suivantes et dites quel est leur métier ou profession.

Mon frère répare *(repairs)* les voitures. **Il est mécanicien.**

1. Christine travaille dans un café.
2. Monsieur Robert fait d'excellents gâteaux.
3. Mademoiselle Roussel coupe *(cuts)* les cheveux de ses clientes.
4. Madame Renaud vend du pain.
5. Monsieur Dubois répare l'évier *(sink)* de notre cuisine.
6. Mon oncle vend de l'aspirine.
7. Cette dame écrit des livres très intéressants.
8. Madame Mercier prépare le budget de la compagnie où elle travaille.
9. Ma soeur visite ses patients à l'hôpital.
10. Mademoiselle Thierry a des responsabilités importantes dans l'entreprise *(business firm)* où elle travaille.

ACTIVITÉ 4 Choisissez un métier ou une profession. Décrivez ce métier ou cette profession. Quels sont les avantages? Quels sont les inconvénients *(disadvantages)*?

2

Les mains
qui regardent

Pourquoi allez-vous au musée? Pour contempler° les objets d'art? Pour regarder les machines? Pour voir les expositions° de photos, de posters ou de cartes postales? Pour contempler, pour admirer, pour regarder, pour voir . . .

    Et les aveugles°? Eux, ils ne regardent pas et ils ne voient pas . . . mais ils peuvent aller au musée. Récemment° le directeur du centre Pompidou, le nouveau musée de Paris, a eu° l'idée d'organiser une exposition spéciale pour les enfants aveugles. Cette exposition s'appelle «Les mains regardent». Chaque jour, cinq cent jeunes aveugles visitent le musée. Si cette exposition est différente, c'est parce que les visiteurs peuvent toucher les objets. Ils prennent ces objets dans leurs mains. Ils les analysent. «Tiens, ça, c'est du métal . . . Ça, c'est du marbre° . . . Ça, c'est du bois . . .» Peu à peu° ils découvrent° la nature de l'objet. Ils apprennent à voir avec les mains!

contemplate

exhibits

blind people

recently

had

marble

little by little; discover

Le centre Pompidou

AVEZ-VOUS COMPRIS ?

Le centre Pompidou est le nouveau musée de Paris. Ce musée a été nommé en l'honneur de Georges Pompidou (1911–1974). Georges Pompidou a joué un rôle important dans l'histoire française. Pour connaître ce rôle, complétez les définitions par les mots qui conviennent *(that are appropriate)*. (Tous ces mots se trouvent dans le texte.) Ensuite, mettez les lettres dans les cases *(boxes)* qui correspondent à leur numéro.

1. Un homme qui ne voit pas est un __ __ __ __ __ __ .

16   7   12

2. Une présentation d'objets d'art est une __ __ __ __ __ __ __ __ __ .

    1   17

3. L'aluminium est un __ __ __ __ __ .

   3   9

4. On peut faire de feu *(fire)* avec du __ __ __ __ .

     5   4

5. On peut faire une statue avec du __ __ __ __ __ .

   13   19

6. Regarder longuement, c'est __ __ __ __ __ __ __ __ __ .

  18   8

7. Regarder avec admiration, c'est __ __ __ __ __ __ __ .

    10   15

8. Trouver une chose inconnue *(unknown)*, c'est __ __ __ __ __ __ __ __ .

     6   2

9. Un bébé est un jeune __ __ __ __ __ __ .

  11   14

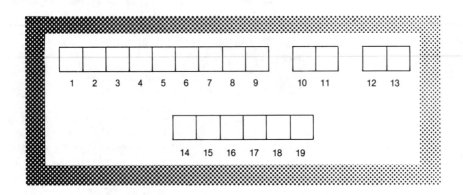

A. Les différentes façons de *voir*

Les Français utilisent différents verbes pour décrire les différentes façons de **voir**.

voir	*to see*	Jacques **voit** souvent ses cousins.
apercevoir	*to see, to catch sight of*	Est-ce que tu **aperçois** tes amis là-bas?
regarder	*to look at, to watch*	Henri **regarde** ses photos. Je **regarde** la télé.
admirer	*to admire*	Les touristes **admirent** les statues.
contempler	*to contemplate, to gaze at*	Henri **contemple** un objet d'art.
observer	*to observe, to note*	Le professeur **observe** les progrès des élèves.
remarquer	*to notice*	Est-ce que tu **remarques** quelque chose de différent?
examiner	*to examine, to look closely at*	Albert **examine** la signature sur cette lettre.
assister à	*to see, to attend, to be present at*	Je vais **assister à** un match de football.

》 These two verbs are irregular:

voir: je **vois**, tu **vois**, il **voit**, nous **voyons**, vous **voyez**, ils **voient**

apercevoir: j'**aperçois**, tu **aperçois**, il **aperçoit**,
nous **apercevons**, vous **apercevez**, ils **aperçoivent**

ACTIVITÉ 1

Choisissez le verbe entre parenthèses qui complète logiquement chaque phrase. Utilisez la forme appropriée de ce verbe.

1. (regarder / apercevoir) Paul est chez lui. Il _____ un match de tennis à la télé.
2. (observer / assister à) Ce soir nous allons sortir. Nous allons _____ une conférence *(lecture)* sur le Canada.
3. (examiner / observer) Quand il se promène dans la forêt, Pierre prend toujours ses jumelles *(binoculars)*. Il aime _____ les oiseaux.
4. (assister à / examiner) Les étudiants sont dans le laboratoire de sciences naturelles. Ils _____ la structure de cette plante au microscope.
5. (apercevoir / contempler) Regarde là-bas! Est-ce que tu _____ ce bateau à l'horizon?

B. Quelques matériaux

Matériaux de construction

le bois	wood	**la brique**	brick
le ciment	cement, concrete	**la pierre**	stone
le verre	glass		

Métaux et produits métalliques

l'acier *(m.)*	steel	**le fer**	iron
l'aluminium *(m.)*	aluminum	**le nickel**	nickel
le cuivre	copper	**le plomb**	lead

Métaux précieux

l'argent *(m.)*	silver
l'or *(m.)*	gold

Textiles

le coton	cotton	**la laine**	wool
le nylon	nylon	**la soie**	silk
le tissu	fabric, material		

Autres matériaux

le carton	cardboard	**le papier**	paper
le cuir	leather	**le plastique**	plastic

➤➤ Pour indiquer en quelle matière un produit est fait, on utilise la construction nom + **en** (ou **de**) + nom:

une maison **en (de)** brique   *a brick house*
une robe **en (de)** coton   *a cotton dress*

ACTIVITÉ 2
Certaines choses peuvent être en différentes matières. Dites en quelles matières peuvent être les choses suivantes.

Σ⟩⟩ un sac   **Un sac peut être en cuir (ou en tissu, ou en plastique).**

1. une chemise
2. une écharpe *(scarf)*
3. un bracelet
4. une maison
5. une table
6. une pièce *(coin)*
7. un verre
8. un portefeuille *(wallet)*

ACTIVITÉ 3
Choisissez quelques objets autour de vous. Dites en quelle matière sont ces objects.

Les secrets de la main

3

Y a-t-il° une chose plus utile° que la main? La main travaille. La main écrit. La main salue.° La main touche. La main prend . . .

Is there . . .?; useful

greets

Pour certaines personnes, la main a un autre° avantage: Elle révèle° notre personnalité et parfois° notre avenir.° Voulez-vous connaître les secrets de la main? Apprenez d'abord° à connaître votre main! Écrivez-vous avec la main droite? Examinez votre main gauche. Écrivez-vous avec la main gauche? Examinez votre main droite.

another

reveals; sometimes; future

first

Votre personnalité et votre avenir sont déterminés par quatre lignes principales: la ligne de vie, la ligne d'intelligence, la ligne de coeur° et la ligne de destin.° Il y a aussi d'autres lignes moins importantes: la ligne de santé,° la ligne de succès, etc. . . .

heart; fortune

health

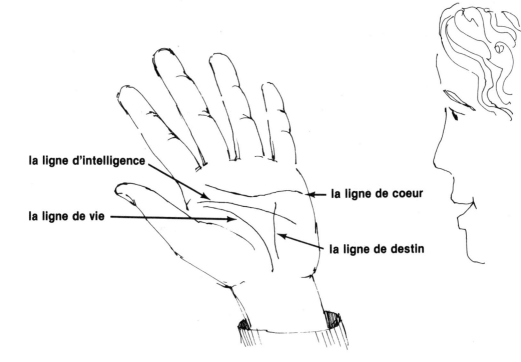

la ligne d'intelligence

la ligne de coeur

la ligne de vie

la ligne de destin

La ligne de vie

Si vous avez une ligne de vie longue, étroite° et bien marquée,° vous êtes en bonne santé. Vous êtes une personne très dynamique.

narrow
well defined

Si vous avez une ligne de vie courte° et fragmentée,° vous avez des problèmes de santé. Consultez votre médecin une fois par an°!

short
broken
once a year

Si votre ligne de vie est séparée en deux, vous avez une personnalité indécise.° Soyez° plus énergique!

indecisive; be

Si votre ligne de vie est entrecroisée° de lignes secondaires, vous êtes une personne nerveuse. Soyez plus patient!

crossed

La ligne d'intelligence

Si votre ligne d'intelligence est horizontale, vous êtes une personne réaliste et équilibrée.° Vous avez beaucoup de bon sens.°

well-balanced
common sense

Si votre ligne d'intelligence est dirigée vers le bas,° vous avez beaucoup d'imagination. Vous êtes sensible° et vous avez un tempérament d'artiste.

slanted downward
sensitive

Si votre ligne d'intelligence est courte, vous êtes assez matérialiste. Vous n'avez pas beaucoup d'imagination, mais vous avez le sens de la discipline.

Si votre ligne d'intelligence est double, vous êtes très indécis et vous avez beaucoup de difficultés à prendre des décisions.° Vous changez souvent d'opinion.°

difficulty making decisions
often change your mind

La ligne de coeur

Si votre ligne de coeur est droite,° vous êtes idéaliste, mais vous n'aimez pas révéler° vos sentiments.

straight

to reveal

Si votre ligne de coeur est courte, vous êtes une personne froide° et égoïste.°

cold; selfish

Si votre ligne de coeur est longue et inclinée,° vous êtes une personne idéaliste et sincère. Vous cherchez° la perfection.

sloping

are looking for

Si votre ligne de coeur est entrecroisée de petites lignes, vous aimez flirter. Vous n'êtes pas toujours sincère avec vos amis.

La ligne de destin

Si votre ligne de destin commence° sous° la ligne de vie, vous êtes une personne loyale. Vous aimez aider les autres.

begins; under

Si votre ligne de destin va vers° le petit doigt,° vous avez un sens commercial° très développé. Vous allez faire une carrière° brillante dans les affaires.°

toward; finger

business sense

career

business

Si votre ligne de destin est brisée,° vous allez avoir des problèmes d'argent ou des problèmes sentimentaux.

broken

L'art de lire les secrets de la main s'appelle la «chiromancie». C'est un art très ancien. Dans l'Antiquité,° la chiromancie a été pratiquée° par les pharaons d'Égypte, par les Assyriens, par les Grecs, par les Romains. Aujourd'hui, cet art est pratiqué avec beaucoup de sérieux° par de nombreux° «chiromanciens» et «chiromanciennes».

ancient times
was practiced
very seriously;
numerous

Et vous, êtes-vous convaincu° de la valeur° scientifique de la chiromancie?

convinced;
validity

AVEZ-VOUS COMPRIS ?

Pour découvrir *(to discover)* ce que chacun *(everyone)* veut connaître, faites les mots croisés suivants. Pour cela, inscrivez *(fill in)* les mots correspondant aux définitions. Tous ces mots sont dans le texte que vous avez lu. En lisant *(By reading)* les mots croisés verticalement, vous trouverez une chose qui intrigue tout le monde *(everybody)*.

1. Il y en a quatre principales dans la main.
2. Les chiromanciens l'examinent très attentivement *(carefully)*.
3. Un synonyme pour *existence*
4. Le contraire *(opposite)* de *droit*
5. Trois moins deux font _____.
6. Le contraire de *large*
7. Le contraire de *long*

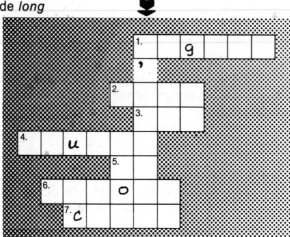

La main

A. Quelques mots . . .

Un grand nombre de mots français et de mots anglais sont dérivés du mot **main.** (**Main** vient du mot latin *manus.*) Voici plusieurs *(several)* de ces mots.

manuel / manuelle

Un travailleur **manuel** travaille principalement avec ses mains. Les maçons, les charpentiers, les mécaniciens sont des travailleurs manuels.

manufacturer

Manufacturer signifie «fabriquer». Autrefois *(In the past),* les produits manufacturés étaient *(were)* faits à la main. Aujourd'hui, ils sont faits à la machine.

un manuscrit

Un manuscrit est le texte original d'un auteur. Autrefois, les manuscrits étaient écrits à la main. Aujourd'hui, les auteurs écrivent leurs manuscrits surtout à la machine *(on the typewriter).*

un / une manucure

Les manucures travaillent dans les instituts de beauté *(beauty salons)*. On va chez le / la manucure quand on veut avoir de belles mains.

une manoeuvre

En principe *(As a rule)*, **une manoeuvre** est une opération manuelle assez difficile.

manier

Manier, c'est utiliser quelque chose avec ses mains . . . ou son esprit *(mind)*. On peut manier une fourchette, une raquette de tennis, de l'argent, des idées.

manipuler

Manipuler est un synonyme de *manier*. Dans leurs laboratoires, les chimistes manipulent des tubes, des instruments scientifiques.

maintenir

À l'origine *(In the beginning)*, **maintenir** signifiait *(meant)* tenir à *(to hold in)* la main. Aujourd'hui, **maintenir** a des significations *(meaning)* différentes:

conserver, préserver	**Maintenons** nos traditions!
affirmer	Je **maintiens** que cette histoire est vraie.

B. Et quelques expressions

Le mot **main** est utilisé dans un grand nombre d'expressions. Voici plusieurs de ces expressions.

avoir le coeur sur la main = être très généreux
donner un coup de main à quelqu'un = aider quelqu'un
prendre en main quelque chose = prendre quelque chose en charge
avoir les mains libres = avoir toute liberté
mettre la main sur quelque chose = prendre quelque chose
faire main basse sur quelque chose = voler *(to steal)* quelque chose
faire des pieds et des mains = multiplier les efforts
Haut les mains! = Levez les mains en l'air!

ACTIVITÉ 1

Complétez les phrases suivantes avec les mots de la section A qui conviennent (fit).

1. Mon père travaille pour une compagnie qui _____ des produits chimiques.
2. Ce produit est dangereux. Faites attention quand vous le _____!
3. Madame Simonet a de belles mains. Elle va souvent chez la _____.
4. Robert travaille dans une station-service. Il fait un travail _____.
5. Jacqueline est en voiture. Elle doit tourner dans une rue très étroite (narrow). Elle exécute une _____ difficile.
6. Monsieur Rimbaud est historien. Il va souvent à la bibliothèque pour lire les _____ anciens.

ACTIVITÉ 2

Analysez les situations suivantes et complétez-les en utilisant l'une des expressions de la section B. Faites toutes les transformations nécessaires.

Situation 1

Des policiers entrent dans un bar où il y a deux bandits. Leur chef (chief) dit aux bandits: «_____!»

Situation 2

Jacques veut réparer (to repair) sa voiture. Son ami Albert est mécanicien. Jacques demande à Albert: «Est-ce que tu peux _____?»

Situation 3

Monsieur Bellanger possède (owns) une grand entreprise (factory) de textiles. C'est lui le président. Maintenant il a 70 ans et il décide de prendre sa retraite (to retire). Il appelle son fils Charles, qui est aussi son vice-président. Il lui dit: «Maintenant c'est toi qui va _____ l'entreprise familiale. Fais ce que tu veux: _____.»

Situation 4

Caroline ne trouve pas son disque favori. Elle accuse son frère de l'avoir pris et lui dit: «Est-ce que c'est toi qui _____ sur mon disque?»

4 Les Canadiens français

20 avril 1534. Un navire° quitte° Saint-Malô, petit port de | ship; leaves
Bretagne. Jacques Cartier, son capitaine, a reçu° du roi° une | received; king
mission secrète mais imprécise: trouver un passage vers l'Orient
par le nord de l'Amérique. Le 10 juin 1534, après sept semaines
de navigation, Jacques Cartier aperçoit° la terre.° Il découvre° | sights; land; discovers
un pays inexploré, le «pays de Canada». Le 24 juillet, Jacques
Cartier débarque° à Cap Gaspé et plante une immense croix° | lands; cross
dans le sol.° Cet événement° marque le commencement de la | ground; event
présence française au Canada.

En fait,° la colonisation française n'est pas immédiate. Les | In reality
premiers colons° arrivent en effet° soixante-dix ans après le | colonists; as a matter of fact
voyage historique de Jacques Cartier. Ces colons viennent prin-
cipalement de Bretagne et de Normandie. Ils ont des métiers
différents. Certains sont agriculteurs.° D'autres° sont trappeurs. | farmers; others
D'autres sont marchands.° Les premiers colons sont très peu | merchants
nombreux.° Un recensement° fait en 1666 signale la présence | few; census
de 558 familles françaises au Canada. Cette petite colonie va
prospérer très rapidement. En 1700, elle a seize mille habitants.
Soixante ans plus tard, il y a soixante mille habitants d'origine
française en «Nouvelle-France», l'ancien° nom du Canada | former
français.

Malheureusement,° la rivalité franco-anglaise sur le conti- | unfortunately
nent européen va troubler la tranquillité du Canada. Vers° 1755, | around
les Anglais attaquent la colonie française. Ils sont plus nom-
breux° et mieux équipés que les Français. Les Français décident | numerous
cependant° de résister. Avec leurs alliés indiens, Hurons et Al- | nevertheless
gonquins, ils sont victorieux en 1758 à Ticonderoga (qui s'ap-
pelle alors Fort Carillon). La supériorité anglaise est pourtant° | however
trop forte. Les Français capitulent.° La France abandonne of- | surrender
ficiellement le Canada en 1763, mais les Canadiens français ne
quittent pas leur pays. Ils restent au Canada où ils décident de
maintenir leurs traditions, leurs coutumes° et leur langue, qui | customs
est le français.

Jacques Cartier

Ticonderoga

Aujourd'hui, les Canadiens français sont huit millions. Ils représentent le tiers° de la population canadienne. Ils habitent surtout° dans la province de Québec; mais ils forment aussi des minorités importantes dans l'Ontario, le Nouveau-Brunswick et la Nouvelle-Écosse.°

Aux États-Unis, il y a aussi un grand nombre de Franco-Américains, c'est-à-dire,° d'Américains d'origine franco-canadienne. (Entre 1871 et 1931, 1.600.000 Canadiens français ont émigré° aux États-Unis, surtout vers les états de la Nouvelle-Angleterre.°) Aujourd'hui, il n'est pas rare de trouver des petits villages du Maine, du New Hampshire, du Massachusetts et du Rhode Island où une grande partie de la population parle encore français.

one-third

mainly

Nova Scotia

that is to say

emigrated

New England

AVEZ-VOUS COMPRIS ?

Indiquez si les phrases suivantes sont vraies ou fausses. Si elles sont fausses, expliquez pourquoi.

vrai / faux

1. Saint-Malô est une ville du Canada.
2. Jacques Cartier est un explorateur français.
3. Les premiers colons français arrivent au Canada avec Jacques Cartier.
4. Ces colons sont principalement des militaires.
5. La Nouvelle-France est le nom d'une province canadienne.
6. Les Français abandonnent le Canada aux Anglais sans combat.
7. En 1763, la majorité des Canadiens quittent le Canada.
8. Aujourd'hui les Canadiens français représentent la majorité de la population canadienne.
9. Les Franco-Américains sont des Français qui habitent aux États-Unis.
10. Certains habitants de la Nouvelle-Angleterre parlent français.

Enrichissez votre **VOCABULAIRE**

A. Expressions pour la narration

Les expressions suivantes sont souvent utilisées dans la narration.

en fait	*in reality*	Henri habite en France, mais **en fait** il est canadien.
en effet	*as a matter of fact, indeed*	Sa famille habite **en effet** à Québec.
surtout	*principally, mainly*	En classe, parlez-vous **surtout** français ou anglais?
cependant	*however, nevertheless*	Vous avez tort et **cependant** vous insistez!
pourtant	*however, nevertheless*	Jacques joue bien au tennis et **pourtant** il ne gagne pas souvent ses matches.

B. Quitter, partir et sortir

Quitter est toujours utilisé avec un complément d'objet direct. **Quitter** signifie:

- *to leave a place*   Je **quitte** l'école à midi.
- *to take leave of someone*   Je **quitte** mes amis.

Partir signifie *to leave*. **Partir** n'est jamais utilisé avec un complément d'objet direct. Ce verbe peut être utilisé:

- seul   Au revoir! Nous **partons**!
- avec une préposition (**en, de, à, pour**) et un nom

  Marc **part en vacances**.
  Tu **pars à Paris**.
  Nous **partons de l'école**.
  Henri **part pour le Canada**.

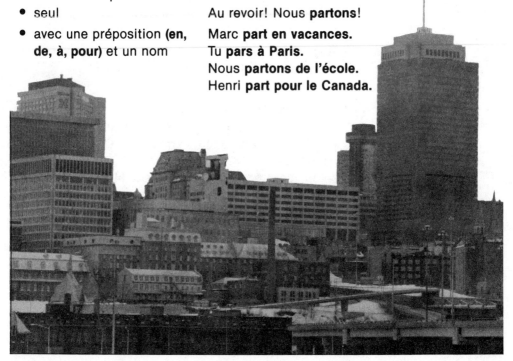

Sortir a plusieurs significations.

- **Sortir,** utilisé seul, signifie *to go out:*
  Ce soir, je **sors** avec une amie canadienne.

- **Sortir de + nom** signifie *to get out of, to leave:*
  Nous **sortons de l'école** à trois heures.

- **Sortir + complément d'objet direct** signifie *to take something out:*
  Je **sors mes livres.**

ACTIVITÉ Complétez les phrases avec **sort, part** ou **quitte.**

1. Ce soir, Marc _____ avec une amie.
2. Jean _____ ses amis et va chez lui.
3. Philippe _____ en vacances le 10 juin.
4. Mon père _____ la voiture du garage.
5. Michèle _____ souvent avec Jacques.
6. Brigitte _____ pour le Canada samedi prochain.
7. Henri _____ l'école à une heure.
8. Sylvie _____ de Montréal en juillet.

Quebec Je t'aime

5

La mousse

Aimez-vous la cuisine? Voici une recette° simple pour six *recipe* personnes: la recette de la mousse au chocolat.

Les ustensiles:

une casserole

un mixer

une cuillère

un bol

une fourchette

Les ingrédients:

du lait — 2 tasses de lait

 du sucre granulé — un quart (1/4) de tasse de sucre granulé

 du chocolat sucré — 100 grammes de chocolat sucré

 de la crème — trois quarts (3/4) de tasse de crème

 de la vanille — une cuillère à café de vanille

 des oeufs — 4 jaunes d'oeuf

au chocolat

La recette:

1. Mélangez° le lait, le sucre et le chocolat dans la casserole. — *mix*
2. Mettez la casserole sur la cuisinière.° Faites chauffer° sur feu doux° jusqu'à ébullition.° — *stove; Heat low flame; until it comes to a boil*
3. Mettez les jaunes d'oeuf dans le bol. Battez° ces jaunes d'oeuf avec la fourchette. — *Beat*
4. Versez° une partie du mélange° dans la casserole sur les jaunes d'oeuf battus.° Versez ce nouveau mélange dans la casserole. — *Pour; mixture beaten*
5. Remuez° le mélange sur feu doux avec la cuillère. Laissez épaissir° ce mélange. — *Stir Let thicken*
6. Placez la casserole dans de l'eau froide pour faire refroidir° cette crème chocolat. — *cool*
7. Dans le bol, fouettez° la crème avec le mixer pour obtenir° une crème Chantilly.° — *whip; to obtain whipped cream*
8. Ajoutez° la vanille à la crème chocolat. — *Add*
9. Versez la crème chocolat sur la crème Chantilly et mélangez doucement° pour obtenir une mousse bien homogénéisée.° — *gently very smooth*
10. Faites refroidir avant de servir.

Bon appétit!

25

Dans la cuisine

Quelques produits

le beurre	*butter*	**la crème**	*cream*
le chocolat	*chocolate*	**l'eau** *(f.)*	*water*
le lait	*milk*	**la farine**	*flour*
le poivre	*pepper*	**l'huile** *(f.)*	*oil*
le sel	*salt*	**la margarine**	*margarine*
le sucre	*sugar*		
le vinaigre	*vinegar*		
un oeuf	*egg*		

Le couvert et les ustensiles de cuisine

un couteau	*knife*	**une cuillère**	*spoon*
un verre	*glass*	**une fourchette**	*fork*
		une tasse	*cup*
un bol	*bowl*	**une assiette**	*plate*
un plat	*serving dish*	**une casserole**	*pan, pot*
		une poêle	*skillet, frying pan*

L'équipement

un four	*oven*	**une cuisinière**	*stove, range*
un four à micro-onde	*microwave oven*		
un lave-vaisselle	*dishwasher*		
un réfrigérateur	*refrigerator* un frigo		

Les instructions

ajouter	*to add*	**faire bouillir**	*to boil (something)*
battre	*to beat*	**faire chauffer**	*to heat (something)*
couper	*to cut*	**faire cuire**	*to cook (something)*
mélanger	*to mix*	**faire refroidir**	*to cool (something)*
remuer	*to stir*		
verser	*to pour*		

➤ **Battre** est irrégulier: je **bats**, tu **bats**, il **bat**, nous **battons**, vous **battez**, ils **battent**.

➤ Dans les expressions comme **faire bouillir**, le premier verbe, **faire**, est conjugué, mais le second verbe reste à l'infinitif.
   Nous **faisons bouillir** de l'eau.

ACTIVITÉ 1
Complétez les phrases suivantes avec un verbe ou une expression verbale du vocabulaire.

▷ Quand on ___ajoute___ 2 et 2, on obtient 4.

1. Marc _____ le pain avec son couteau.
2. Pour obtenir du vert, je _____ du bleu et du jaune.
3. S'il te plaît, _____-moi un verre de lait.
4. Il n'y a pas assez de sel dans cette sauce. Je vais _____ du sel.
5. Mettez la sauce dans la salade, et après, _____ la salade.
6. Mon père _____ l'eau pour le café.
7. Ma mère _____ un steak sur la cuisinière.
8. J'aime le thé glacé *(iced tea)*. Voilà pourquoi je _____ le thé que vous avez préparé.

ACTIVITÉ 2
Dessinez *(Draw)* un plan de votre cuisine avec l'équipement qu'elle contient.

ACTIVITÉ 3
Décrivez votre recette favorite (crêpes, gâteau au chocolat, «fudge», etc. . . .). Pour cela, indiquez quels sont les ingrédients nécessaires, puis préparez une liste d'instructions. Utilisez la recette de la mousse au chocolat comme modèle.

6 Deux histoires drôles

Première Histoire: Chez le médecin

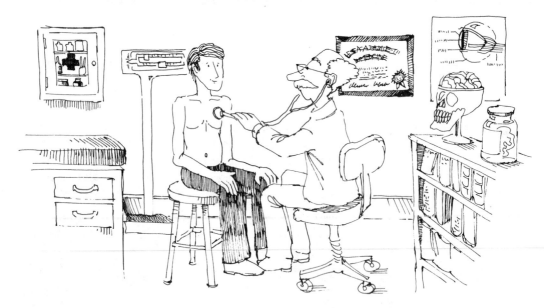

Un client arrive chez un médecin. Il semble° fatigué. Le médecin lui pose certaines questions.   *seems*

LE MÉDECIN: Est-ce que vous avez bon appétit?

LE CLIENT: Oh oui! Je mange comme un loup°!   *wolf*

LE MÉDECIN: Est-ce que vous dormez bien?

LE CLIENT: Oh oui! Je dors comme un loir.°   *dormouse*

LE MÉDECIN: Est-ce que vous travaillez beaucoup?

LE CLIENT: En ce moment, je travaille comme un boeuf.°   *ox*

LE MÉDECIN: Alors, tout va bien!

LE CLIENT: Oh non, docteur. J'ai une fièvre° de cheval et je suis malade comme un chien!   *fever*

LE MÉDECIN: Dans ce cas, ce n'est pas moi que vous devez consulter, mais le vétérinaire.

AVEZ-VOUS COMPRIS ?

Il y a beaucoup d'expressions en anglais et en français qui utilisent des noms d'animaux. Quelquefois les deux langues utilisent des animaux différents. Comment dit-on «Quiet as a mouse» en français? Pour connaître cette expression française, complétez les phrases suivantes avec les mots du texte. Ensuite, mettez les lettres entourées d'un cercle dans leur case respective.

1. Le client est malade comme un ◯ _ _ _ _ .

2. Il a une fièvre de _ _ _ _ ◯ _ .

3. Il dort comme un _ _ _ ◯ .

4. Il mange comme un _ _ _ ◯ .

5. Il travaille comme un _ _ ◯ _ _ .

Sylvie est muette comme une _ _ _ _ _ .
　　　　　　　　　　　　　　　　　1　2　3　4　5

Les animaux

Quelques animaux domestiques

un chat *(cat)*	un chien *(dog)*	un hamster
un cochon d'Inde *(guinea pig)*	un poisson rouge *(goldfish)*	une tortue *(turtle)*

Quelques animaux de ferme *(farm)*

un lapin *(rabbit)*	un canard *(duck)*	une oie *(goose)*	une poule *(hen,*
un dindon *(turkey)*	un cheval *(horse)*	un âne *(donkey)*	chicken)*
un taureau *(bull)*	un boeuf *(ox)*	un cochon *(pig)*	une vache *(cow)*

D'autres animaux

un renard *(fox)*	un loup *(wolf)*	un raton laveur *(racoon)*
un écureuil *(squirrel)*	une souris *(mouse)*	

Quelques oiseaux

un canari	un perroquet *(parrot)*	une perruche *(parakeet)*
un paon *(peacock)*		

Quelques insectes

un moustique *(mosquito)*	un papillon *(butterfly)*	une araignée *(spider)*
une fourmi *(ant)*	une abeille *(bee)*	une guêpe *(wasp)*

Quelques expressions

En français, il y a beaucoup d'expressions qui utilisent des noms d'animaux.
Voici certaines de ces expressions.

être rusé comme un renard	rusé = *sly*
être têtu comme une mule	têtu = *stubborn*
être paresseux comme un lézard	lézard = *lizard*
être fier comme un paon	fier, fière = *proud*
être lent comme une tortue	lent = *slow*
être heureux comme un poisson dans l'eau	

On dit . . .	Cela signifie . . .
avoir un appétit d'oiseau	n'avoir pas d'appétit
avoir une faim de loup	avoir très faim
avoir un caractère de chien	avoir mauvais caractère
être une poule mouillée	avoir peur de tout
avoir des fourmis dans les jambes	avoir des picotements *(tingling)* dans les jambes
il fait un froid de canard	il fait très froid
il fait un temps de chien	il fait mauvais temps

ACTIVITÉ 1

Lisez la description des personnes suivantes. Ensuite, faites un commentaire sur chaque personne en utilisant une expression avec un nom d'animal.

▷) C'est dimanche. Il fait beau. Les amis de Marc l'invitent à aller à la plage. Marc refuse. Il préfère dormir aujourd'hui.

Marc est __paresseux comme un lézard__.

1. C'est l'heure du dîner. Il y a beaucoup de bonnes choses sur la table: du rosbif, de la salade, du fromage, un gâteau, des fruits . . . Jacqueline regarde ces plats, mais elle ne mange pas. Elle n'a pas faim.

   Jacqueline a _____.

2. Nous sommes au restaurant. Michel commande un sandwich. Puis il commande un steak et des pommes de terre. Après il commande des spaghetti. Et puis il commande un autre sandwich.

   Michel a _____.

3. Aujourd'hui Henri est de mauvaise humeur. Il ne dit pas bonjour à ses amis. Il refuse de prêter sa bicyclette à son frère. Il est impoli avec sa soeur . . .

   Henri a _____.

4. Janine déteste prendre des risques. Elle ne fait pas de promenade à bicyclette parce qu'elle a peur de tomber. Elle ne voyage pas en avion parce qu'elle a peur d'un accident . . .

   Janine est _____.

ACTIVITÉ 2

Décrivez les animaux que vous pouvez voir dans les circonstances suivantes.

1. Vous êtes dans une ferme.
2. Vous faites une promenade dans la forêt.
3. Vous faites un pique-nique à la campagne.
4. Vous faites du camping.

Deuxième Histoire: Le Piano-horloge

horloge = clock

Léon Maître est un jeune pianiste qui habite un petit appartement à Paris. Un jour il invite des amis à dîner. Vers° la fin de la soirée, il leur dit:

towards

—Vous voyez mon piano? C'est un piano remarquable. Oui, je peux faire mille choses avec ce piano. Si vous voulez, je vais même vous dire l'heure exacte avec cet instrument extraordinaire.

—Voyons,° Léon! C'est impossible! Un piano ne peut pas annoncer l'heure!

Come on

—Vous ne me croyez pas? Eh bien, vous allez voir . . .

Léon va vers son piano. Il commence à jouer une musique épouvantable.° À ce moment les invités entendent une voix° qui vient de l'appartement d'à côté et qui dit:

awful; voice

—Arrêtez de faire du bruit°! Vous ne savez pas qu'il est trois heures du matin!

making noise

AVEZ-VOUS COMPRIS?

1. Où habite Léon Maître?
2. Quelle est sa profession?
3. Pouquoi est-ce que son piano est un instrument extraordinaire?
4. En réalité, qui est-ce qui annonce l'heure?
5. Quelle heure est-il?

Quelle heure est-il?

On utilise différents instruments pour savoir l'heure qu'il est.

Une **montre** est une petite boîte qu'on porte au poignet *(wrist)*. Les montres traditionnelles ont un **cadran** et deux **aiguilles**. La petite aiguille indique les heures et la grande aiguille indique les minutes. Aujourd'hui, beaucoup de personnes utilisent des **montres digitales.**

Un **chronomètre** est une montre de grande précision. On utilise les chronomètres pour mesurer le temps dans les compétitions sportives.

Une **horloge** est une machine d'assez grande dimension. Les horloges sont généralement fixées au mur.

Une **pendule** est une petite horloge portative. On peut mettre une pendule sur une table ou sur une cheminée *(mantelpiece)*.

Un **réveil** est une pendule munie d'une sonnerie *(equipped with a bell)*. Le réveil sonne *(rings)* à l'heure à laquelle on veut être réveillé *(awakened)*.

ACTIVITÉ 3

1. Avez-vous une montre? Est-ce une montre digitale? Quelle est la marque *(make)* de cette montre? Est-ce une marque américaine ou étrangère *(foreign)*?
2. Est-ce que vous utilisez un réveil pour vous réveiller *(to wake up)* le matin? À quelle heure est-ce que vous vous réveillez généralement?
3. Est-ce qu'il y a une horloge dans votre classe? Est-ce que cette horloge est à l'heure *(on time)*?
4. Est-ce qu'il y a une pendule dans votre chambre? au salon? dans la salle à manger?

7

Êtes-vous
sûr(e) de vous?

Voici un test très simple. Répondez par *oui* ou par *non* aux questions suivantes.

	oui	non	
1. Est-ce que vous vous regardez souvent dans la glace°?	☐	☐	*mirror*
2. Est-ce que vous vous déclarez volontaire quand le professeur pose une question?	☐	☐	
3. Est-ce que vous vous tourmentez° longtemps avant un examen?	☐	☐	*worry*
4. Est-ce que vous vous énervez° quand vous jouez mal au tennis et que vous perdez votre match?	☐	☐	*get upset*
5. Est-ce que vous vous préoccupez° beaucoup de l'opinion que les autres ont de vous?	☐	☐	*worry*
6. Est-ce que vous vous demandez souvent si vos amis vous aiment vraiment?	☐	☐	
7. Est-ce que vous vous mettez en colère° quand quelqu'un vous bouscule° dans la rue?	☐	☐	*get angry* *bumps*
8. Est-ce que vous vous impatientez quand un ami n'est pas à l'heure° à un rendez-vous?	☐	☐	*on time*
9. Est-ce que vous vous inquiétez° de votre avenir°?	☐	☐	*worry* *future*
10. Est-ce que vous êtes embarrassé(e) quand quelqu'un se moque de° vous?	☐	☐	*makes fun of*

Si vous avez répondu *oui* à la question 2, marquez° un point. Si vous avez répondu *non* aux autres questions, marquez un point pour chaque réponse négative. Faites le total de vos points. *(score)*

Si vous avez 9 ou 10 points, vous êtes trop sûr(e) de vous. Soyez moins arrogant(e) et plus modeste!

Si vous avez 7 ou 8 points, vous êtes suffisamment° sûr(e) de vous, mais vous savez aussi vous analyser. C'est bien! *(sufficiently)*

Si vous avez 6 points ou moins, vous n'êtes pas suffisamment sûr(e) de vous. Faites un effort! Soyez plus dynamique et moins introspectif (introspective)!

Quelques verbes pronominaux

Les verbes pronominaux sont des verbes conjugués avec un pronom qui représente la même personne que le sujet. En français, on utilise souvent des verbes pronominaux pour décrire les sentiments ou certains changements d'état. Voici certains de ces verbes.

s'amuser   *to have fun*
> Je **m'amuse** toujours quand je suis en vacances.

s'embêter   *to get bored*
> Marc **s'embête** parce qu'il n'a rien à faire.

s'impatienter   *to get impatient*
> Henri **s'impatiente** parce que ses amis ne sont pas à l'heure.

s'inquiéter   *to get worried*
> Je suis calme. Je ne **m'inquiète** pas souvent.

s'énerver   *to get upset*
> Est-ce que vous **vous énervez** quand vous avez un examen?

se mettre en colère   *to get angry*
> Irène ne **se met** jamais **en colère.**

se fatiguer   *to get tired*
> Tu travailles trop. Tu vas **te fatiguer.**

se reposer   *to rest*
> Pierre **se repose** dans sa chambre.

s'intéresser (à)   *to be interested (in)*
> Ma soeur **s'intéresse à** la musique classique.

s'occuper (de)   *to keep busy (with)*
> Je **m'occupe** d'un club de sport.

se préoccuper (de)   *to be concerned about*
> Est-ce que tu **te préoccupes de** ton avenir?

se moquer (de)   *to make fun (of)*
> Pourquoi est-ce que tu **te moques de** tes amis?

ACTIVITÉ 1

Lisez la description des personnes suivantes. Décrivez ce que font ces personnes. Pour cela, faites des phrases logiques avec des verbes pronominaux. Utilisez ces verbes au présent.

Cet après-midi Philippe a joué au tennis. Ensuite, il a fait du jogging. Puis il a fait un match de basketball. Maintenant il est dans sa chambre, où il dort.

Philippe ___**se repose**___.

1. Jacqueline adore la musique. Ce soir elle est à une surprise-partie avec des amis. Elle écoute des disques et elle danse.

   Jacqueline _____.

2. Hier François a donné rendez-vous à *(made a date with)* Suzanne à deux heures. Il est arrivé au rendez-vous à deux heures moins le quart. Maintenant il est trois heures et Suzanne n'est pas là.

   François _____.

3. Isabelle adore jouer au tennis. Malheureusement, aujourd'hui il pleut et Isabelle doit rester à la maison. Elle prend un magazine, mais le magazine n'est pas intéressant.

   Isabelle _____.

4. Georges est étudiant. Le matin, il va à l'université. L'après-midi, il travaille dans un café. Le soir, il étudie. Georges ne se couche jamais avant deux heures du matin.

   Georges _____.

ACTIVITÉ 2

Complétez les phrases suivantes par une expression personnelle.

1. Je m'amuse quand . . .
2. Je m'embête quand . . .
3. Je m'énerve quand . . .
4. Je me mets en colère quand . . .
5. Je m'intéresse à . . .
6. Je ne m'intéresse pas à . . .
7. Je me préoccupe de . . .
8. Je ne me préoccupe pas de . . .

8 La pétanque

Les deux sports les plus populaires en France sont le football et le ski. Et ensuite? Est-ce la bicyclette? la natation? le basketball? le volley? le tennis? . . . Non! Le troisième sport français est la pétanque. C'est un sport pratiqué° par 12 millions de Français de tout âge° et de toute condition physique.

played
of all ages

Le pétanque est un jeu de boules.° On peut jouer individuellement ou par équipes° de deux. C'est un jeu très simple. Chaque joueur° dispose de deux boules° métalliques. Le jeu consiste à placer ces boules aussi près que° possible d'une autre boule de bois,° beaucoup plus petite, qu'on appelle le «cochonnet» (et que le premier joueur lance° à une distance de 6 à 10 mètres). Il y a plusieurs° façons° d'arriver à ce but.° On peut placer sa boule directement près du cochonnet (méthode 1). On peut déplacer° la boule d'un adversaire° en tirant dessus° (méthode 2). On peut déplacer le cochonnet en tirant dessus (méthode 3).

bowling
teams
player; balls
as near as
wood
throws
several; ways;
goal
displace;
opponent;
by hitting it

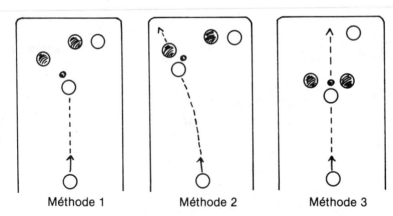

Méthode 1   Méthode 2   Méthode 3

Pour jouer à la pétanque, il ne faut pas nécessairement être jeune ou athlétique, mais il faut avoir beaucoup d'adresse° et de concentration. La pétanque a ses champions . . . et ses artistes. Certains joueurs, par exemple, sont si habiles° qu'ils peuvent jouer les yeux bandés°!

skill

skillful
blindfolded

La pétanque est restée pendant longtemps° un jeu local, pratiqué surtout dans le sud de la France. Maintenant, c'est un jeu national . . . et international. On joue à la pétanque en Espagne, en Suisse, en Belgique, en Afrique du Nord, au Canada et même aux États-Unis . . . En Californie, par exemple, il existe plusieurs clubs de pétanque dans la région de San Francisco. Chaque année un championnat du monde° est organisé par la Fédération Internationale de Pétanque. On parle d'organiser un concours° de pétanque aux Jeux Olympiques!

for a long time

world championship

competition

AVEZ-VOUS COMPRIS ?

Dites si les phrases suivantes sont vraies ou fausses. Si elles sont fausses, expliquez pourquoi.

vrai / faux

1. En France la pétanque est plus populaire que le tennis.
2. On joue à la pétanque avec des boules en métal.
3. La pétanque est un sport pratiqué surtout par les jeunes.
4. À la pétanque, il est interdit *(forbidden)* de déplacer les boules de ses adversaires.
5. Pour jouer à la pétanque, il faut être très athlétique.
6. La pétanque est un jeu d'origine parisienne.
7. Beaucoup de Français jouent à la pétanque pendant les vacances.
8. La pétanque est un jeu exclusivement français.

Les sports

Les sports	L'équipement nécessaire
Sports d'équipe	
le foot (le football)	**un ballon de foot**
le basket (le basketball)	**un ballon de basket**
le volley (le volleyball)	**un ballon de volley**
le baseball	**une balle, une batte**
le hockey	**une crosse** (stick), **une rondelle** (puck)

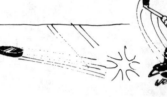

Sports individuels	
le bowling	**des boules** (f. pl.), **des quilles** (f. pl.) (pins)
le jogging	**des chaussures** (m. pl.)
le patinage (skating)	**des patins** (m. pl.) (skates)
la natation (swimming)	**un maillot de bain** (swimming suit)
la planche à voile (windsurfing)	**une planche à voile**
la plongée sous-marine (scuba diving)	**un masque**
le ski	**des skis** (m. pl.), **des bâtons** (m. pl.) (poles)

Dans une **équipe** (team) de foot, il y a onze **joueurs** ou **joueuses** (players). Le **jeu** consiste à mettre le ballon dans les **buts** (goal posts) de l'**adversaire** (opponent).

lancer	to throw	Isabelle **lance** le ballon.
tirer	to shoot	François **tire** au but.
marquer	to score	Au foot, l'équipe qui **marque** un but (goal) **marque** un point.

▶▶ Notez les constructions:

pratiquer un sport
   Quels sports **pratiquez**-vous?

jouer à (+ sport nécessitant plusieurs joueurs)
   Nous **jouons au** tennis.

faire de (+ sport individuel ou sport d'équipe)
   Tu **fais de** la plongée sous-marine.

ACTIVITÉ 1

1. Quels sports pratiquez-vous en été? en hiver? Jouez-vous dans une équipe? Quelle équipe?
2. Quels sont les sports que l'on pratique dans votre région?
3. Quels sont les sports que vous regardez à la télévision?
4. Quelles sont vos équipes professionnelles favorites?

ACTIVITÉ 2 Décrivez votre sport favori en un paragraphe de six à dix lignes.

9

La petite reine

Un jour ou l'autre, vous avez certainement utilisé une bicyclette. Peut-être même possédez-vous° votre propre° bicyclette! Savez-vous que la bicyclette a été inventée et perfectionnée principalement en France? Voici l'histoire de ce véhicule si pratique:

you have; own

L'ancêtre de la bicyclette est apparu vers° 1818. Ce véhicule primitif s'appelle la draisienne.[1] Il est composé d'un cadre,° de deux roues et d'un guidon.° Et pour avancer? Pour avancer, on utilise ses pieds que l'on pousse° alternativement contre le sol.° Pied droit, pied gauche. Pied droit, pied gauche. La draisienne est moins rapide qu'un homme à pied . . . sauf° dans les descentes.°

around
frame
handlebars

pushes; ground

except; downhill slopes

En 1837, un mécanicien français nommé Galloux invente le pédalier.° La bicyclette est née! Un autre Français, Pierre Michaux, perfectionne la bicyclette en 1855. La première bicyclette de Michaux s'appelle un vélocipède (d'où le nom «velo» que l'on donne encore à la bicyclette). C'est un engin° assez comique avec une énorme roue à l'avant et une petite roue à l'arrière.° Il faut être un véritable acrobate pour monter sur° ce vélocipède.

pedal system

device
in back
to get on

Quelques années plus tard, un Anglais adapte la transmission par chaîne à la bicyclette. Tous les éléments de la bicyclette moderne sont maintenant réunis.°

assembled

[1]L'inventeur de la draisienne était le baron Drais.

En 1868, les premiers clubs cyclistes s'organisent à Rouen, puis à Paris et à Toulouse. Cette année-là, la première course° cycliste a lieu.° La bicyclette connaît° alors un extraordinaire succès en Europe et particulièrement en France.

race
takes place;
enjoys

On appelle la bicyclette la «petite reine°». En 1890, la «petite reine» règne° sur la France. Tout le monde, hommes, femmes, enfants, circule° à bicyclette.

queen
reigns
goes around

La bicyclette se perfectionne avec de nouvelles inventions: le pneu,° par exemple. La bicyclette prend des formes nouvelles: le tricycle et le tandem, qui permet les promenades à deux. (Quelqu'un invente même° une bicyclette pour six personnes!)

tire

even

Plus tard, on équipe la bicyclette d'un moteur. Le vélo-moteur est né.

Aujourd'hui la bicyclette est toujours un sport très populaire en France. Aujourd'hui, un Français sur° cinq a sa bicyclette!

out of

Indiquez si les phrases suivantes sont vraies ou fausses. Si elles sont fausses, expliquez pourquoi.

vrai / faux

1. La bicyclette est une invention américaine.
2. La draisienne est une bicyclette très perfectionnée.
3. Sur la draisienne il n'y a pas de pédalier.
4. L'invention du pédalier a plus de 100 ans.
5. Le mot *vélo* vient du mot *vélocité.*
6. Les roues d'un vélocipède sont de dimension inégale *(unequal).*
7. La première course cycliste a eu lieu en 1890.
8. C'est Galloux qui a inventé le pneu.
9. Un tandem est une bicyclette pour deux personnes.
10. Un vélomoteur est un vélo équipé d'un moteur.

Enrichissez votre **VOCABULAIRE**

Le vélo
Les parties du vélo

le changement de vitesses

le guidon

la selle — les freins *(m. pl.)*

le porte-bagages — le phare

le garde-boue — le cadre

le pneu — une pédale / le pédalier

le dérailleur — la chaîne

une roue: la roue arrière — la roue avant

Quelques autres expressions

aller à bicyclette (à vélo)
Je **vais** à l'école **à vélo.**

faire du vélo (de la bicyclette)
J'aime **faire du vélo.**

faire une promenade (une randonnée) à bicyclette (à vélo)
Le week-end, je **fais** souvent **des promenades à bicyclette** avec
mes amis.
Samedi dernier, nous **avons fait une randonnée** de 30 kilomètres.

rouler
Dans les descentes, on **roule** vite.

freiner
On **freine** pour s'arrêter.

changer les vitesses
Dans les montées *(uphill slopes),* on **change** souvent **les vitesses.**

avoir une crevaison
Quand on roule sur du verre, on risque **d'avoir une crevaison.**
Alors, il faut réparer le pneu crevé.

ACTIVITÉ Complétez les phrases suivantes avec l'un des noms con-
tenus *(contained)* dans les «parties du vélo».

1. Quand on roule à bicyclette, on a les mains sur le _____.
2. On est assis sur la _____.
3. On a les pieds sur les _____.
4. Pour s'arrêter, on utilise les _____.
5. Tes _____ sont en très mauvais état! Si tu ne les changes pas, tu risques
   d'avoir une crevaison!
6. Quand je vais à l'école en vélo, je mets mes livres et mon sac sur le _____.
7. La nuit, le _____ sert à éclairer *(light)* la route.
8. Une voiture a quatre _____. Une bicyclette a seulement deux _____.

Deuxième niveau

Le calendrier révolutionnaire

10

La Révolution française a commencé le 14 juillet 1789. Ce jour-là, les Parisiens ont pris la Bastille, une vieille forteresse, symbole de la tyrannie royale. Trois années plus tard, les Français ont supprimé° la monarchie et ils ont proclamé la République. Beaucoup de choses ont changé pendant la Révolution française. Les départements ont remplacé les provinces.[1] Le système métrique a été institué. Le calendrier «républicain» a remplacé le calendrier traditionnel.

abolished

Ce calendrier, qui a existé pendant plusieurs années, a été un calendrier vraiment révolutionnaire. Ses auteurs ont en effet voulu marquer le début d'une ère° nouvelle. Pour les Français, cette ère nouvelle a commencé le jour où la République a été proclamée. Dans le calendrier traditionnel, cet événement° a eu lieu° le 22 septembre 1792. Dans le calendrier républicain, cette date est devenue le premier jour de l'An I de la République. Ce

era

event
took place

---

[1]Les **provinces** (la Normandie, l'Alsace, la Touraine) sont les anciennes *(former)* divisions administratives de la France. Ces provinces ont gardé leurs coutumes *(customs)* et leurs traditions. Depuis la Révolution, la France est divisée administrativement en **départements**. Aujourd'hui il y a 95 départements.

n'est pas le seul changement. Le calendrier républicain a aboli les semaines et il a donné de nouveaux noms, très poétiques, aux différents mois de l'année.

Les mois d'hiver (janvier, février et mars) sons devenus:
    Nivôse: mois où il neige
    Pluviôse: mois où il pleut
    Ventôse: mois où il fait du vent
Les mois de printemps (avril, mai et juin) sont devenus:
    Germinal: mois de la germination
    Floréal: mois des fleurs
    Prairial: mois des prairies
Les mois d'été (juillet, août et septembre) sont devenus:
    Messidor: mois des moissons°   *harvests*
    Thermidor: mois de la chaleur°   *heat*
    Fructidor: mois des fruits
Les mois d'automne (octobre, novembre et décembre) sont devenus:
    Vendémiaire: mois des vendanges°   *grape harvesting*
    Brumaire: mois des brumes°   *mists*
    Frimaire: mois des brouillards° froids   *fogs*

Le calendrier républicain a eu une existence assez brève,°   *short* de treize ans seulement. Le premier janvier 1806, les Français ont repris°le calendrier traditionnel.   *took back*

AVEZ-VOUS COMPRIS ?

Indiquez si les phrases suivantes sont vraies ou fausses. Si elles sont fausses, expliquez pourquoi.

vrai / faux

1. La Révolution française a eu lieu avant la Révolution américaine.
2. Les Français ont proclamé la République en 1792.
3. Pendant la Révolution, les Français ont adopté un nouveau calendrier.
4. Le calendrier révolutionnaire a commencé le premier janvier 1800.
5. Dans le calendrier révolutionnaire, les mois traditionnels ont disparu *(disappeared)*.
6. Prairial et Floréal sont des mois de printemps.
7. Ventôse est un mois d'été.
8. Le calendrier révolutionnaire est encore utilisé aujourd'hui.

Le temps

le temps	*weather*	**Il fait beau** ou **il fait mauvais.**	
la chaleur	*heat*	**Il fait chaud** en été.	
le froid	*cold*	**Il fait froid** en hiver.	
la pluie	*rain*	Quand **il pleut**, je reste chez moi.	
la neige	*snow*	Quand **il neige,** nous pouvons faire du ski.	

le soleil	*sun*	**un nuage**	*cloud*
le vent	*wind*	**un orage**	*(electric) storm*
le brouillard	*fog*	**un éclair**	*(flash of) lightning*
la brume	*mist*	**une tempête**	*storm*
la glace	*ice*	**une tempête de neige**	*snowstorm*
le verglas	*(sheet of) ice*	**un ouragan**	*hurricane*

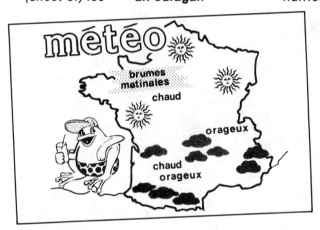

ACTIVITÉ 1 Complétez les phrases suivantes en disant les choses qu'on fait (ou qu'on ne fait pas) dans les circonstances suivantes.

☞ Quand il y a du brouillard, . . .
Quand il y a du brouillard, **il est difficile de voir (la visibilité est mauvaise, il faut être prudent, les automobilistes vont lentement, je ne sors pas de chez moi,** etc.).

1. Quand il fait beau, . . .
2. Quand il pleut, . . .
3. Quand il fait très froid, . . .
4. Quand il neige, . . .
5. Quand il y a du verglas, . . .
6. Quand il fait du vent, . . .
7. Quand il y a une tempête de neige, . . .
8. Quand il y a un orage, . . .

ACTIVITÉ 2 Décrivez le temps dans votre région pendant les quatre saisons de l'année.

11

Le jazz
en France

SIDNEY BECHET

PETITE FLEUR
DANS LES RUES D' ANTIBES
CHINATOWN ■ OLE MISS
DARDANELLA ■ LAURA ■ SOPRANO BLUES
WHEN I GROW TO OLD TO DREAM
WHEN YOU WORE A TULIP
FRANKIE AND JOHNNY
BASIN STREET BLUES

GNP
Crescendo
RECORDS

Aimez-vous le jazz? En France, les amateurs° de jazz sont   *fans*
très nombreux.° La popularité du jazz en France n'est pas   *numerous*
récente. Vers° 1930, un groupe d'intellectuels et de musiciens   *Around*
français ont acclamé le jazz comme une forme importante de
musique contemporaine. Depuis, des générations entières° de   *whole*
Français ont appris à apprécier le jazz et ses musiciens.

Louis Armstrong, Duke Ellington, Dizzy Gillespie et tous les
grands° du jazz américain ont toujours eu un succès extraordi-   *greats*
naire en France. Certains musiciens américains ont été honorés
par le gouvernement français. Duke Ellington, par exemple, a
reçu° la Légion d'Honneur, qui est une distinction importante en   *received*
France. D'autres musiciens ont décidé de se fixer° à Paris de   *to settle*
façon permanente. Le plus célèbre de ces expatriés° est sans   *expatriots*
doute le grand Sidney Bechet.

Qui est Sidney Bechet? Ce grand musicien est né à la
Nouvelle-Orléans, probablement en 1897 (la date de sa naissance n'a jamais été établie° avec certitude). Sidney Bechet a   *established*
été un musicien très précoce.° Il a appris à jouer de la clarinette   *precocious*
à l'âge de six ans et à huit ans il a commencé à jouer avec les
meilleurs orchestres de la Nouvelle-Orléans.

En 1914, Sidney Bechet a quitté la capitale du jazz pour le
Texas, Chicago et, finalement, New York. En 1919, il est allé en
Europe, où le public l'a acclamé. Après son retour à New York
en 1921, il a joué dans l'orchestre de Duke Ellington. Puis en
1925, ce voyageur infatigable° est reparti° pour l'Europe avec la   *tireless; left*
«Revue Nègre». Il est allé à Paris, à Londres, à Moscou . . . Dans   *again*
toutes ces villes il a connu° un succès extraordinaire. Mais de   *enjoyed*
retour aux États-Unis, Sidney Bechet a été la victime de la crise
économique et de la désaffection du public pour le jazz. Il a
décidé d'abandonner la musique et il a ouvert une boutique de
vêtements d'occasion° à Harlem.   *second-hand*

Plus tard, ses amis l'ont convaincu° de reprendre° son   *convinced; to go*
saxophone. Sidney Bechet a alors enregistré° de nombreux   *back to* / *recorded*
disques avec les meilleurs musiciens de son époque.° Après la   *time*
guerre,° il a décidé de retourner en Europe, où il avait connu tant   *war*
de triomphes. Il s'est installé° définitivement à Paris en 1949 et   *settled*
il est devenu le musicien le plus populaire de France. Chacun°   *Each one*
de ses concerts et chacun de ses disques («Les Oignons», «Petite
Fleur», «Dans les rues d'Antibes») ont été de grands triomphes.
Applaudi par des millions d'auditeurs,° Sidney Bechet a aussi in-   *listeners*
fluencé toute une génération de jeunes musiciens français . . . Ce
grand musicien est mort en 1959, plus célèbre en France, son
pays d'adoption, qu'aux États-Unis, son pays d'origine.

AVEZ-VOUS COMPRIS ?

Indiquez si les phrases suivantes sont vraies ou fausses. Si elles sont fausses, expliquez pourquoi.

vrai / faux

1. Les Français aiment le jazz.
2. Les Français ont découvert *(discovered)* le jazz dans les années 1960.
3. Un grand nombre de musiciens de jazz sont allés en France.
4. Duke Ellington n'est jamais allé en France.
5. Sidney Bechet est né en France.
6. Sidney Bechet a beaucoup voyagé.
7. Sidney Bechet a commencé très jeune à jouer d'un instrument.
8. Sidney Bechet est un grand compositeur de musique classique.

Enrichissez votre **VOCABULAIRE**

La musique

Quelques instruments de musique

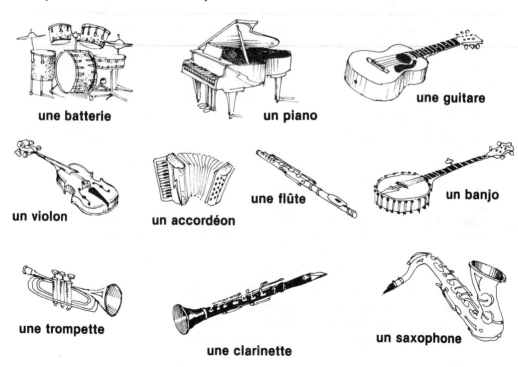

une batterie

un piano

une guitare

un violon

un accordéon

une flûte

un banjo

une trompette

une clarinette

un saxophone

D'autres termes musicaux

une chanson	*song*	Quelle est votre **chanson** préférée?
un chanteur	*(male) singer*	Quel est votre **chanteur** préféré?
une chanteuse	*(female) singer*	Quelle est votre **chanteuse** préférée?
un chef d'orchestre	*conductor, band leader*	Aimez-vous ce **chef d'orchestre**?
un disque	*record, CD*	Avez-vous des **disques** de jazz?
un électrophone	*record player*	Avez-vous un **électrophone**?
la musique		Préférez-vous le **musique** pop ou la **musique** classique?
un orchestre	*band, orchestra*	Jouez-vous dans un **orchestre**?
chanter	*to sing*	Aimez-vous **chanter**?
jouer	*to play*	**Jouez**-vous d'un instrument?

▶ Remarquez la construction **jouer de** + (instrument de musique).

Je **joue de** la guitare.   Ma soeur **joue du** banjo.

ACTIVITÉ 1 Imaginez que vous allez à un concert de jazz. Dans l'orchestre il y a les musiciens suivantes. Dites de quel instrument chaque musicien joue.

Le pianiste . . .   Le pianiste **joue du piano.**

1. Le guitariste . . .
2. Le clarinettiste . . .
3. Le batteur . . .

4. Le trompettiste . . .
5. Le saxo . . .

ACTIVITÉ 2 Décrivez votre orchestre ou votre groupe musical préféré. Comment s'appelle-t-il? De quelle sorte de musique joue-t-il? Qui sont les musiciens qui sont les chanteurs (chanteuses)? Pourquoi est-ce que vous aimez cet orchestre ou ce groupe musical?

12 Les Français débarquent... en Amérique

Janvier 1780. Voilà quatre ans que° les patriotes américains ont déclaré leur indépendance. Voilà quatre ans qu'°ils se battent° contre les Anglais. Il y a eu des victoires. Il y a eu surtout des défaites.° Les Anglais ont pris Savannah en Géorgie, Charleston en Caroline du Sud, Camden dans le New Jersey. On redoute° un nouveau débarquement° des forces anglaises. La situation est tragique.

ago
for
fight
defeats

fears; landing

11 juillet 1780. Newport, dans le Rhode Island. Il est six heures du matin. Les habitants de Newport, qui se sont levés tôt, assistent à° un spectacle étrange. À l'horizon, en effet, on peut distinguer une longue masse sombre qui s'avance vers° le port. C'est une gigantesque flotte.° On peut maintenant compter les bateaux. Dix, quinze, vingt, trente, quarante. Au total, il y a quarante-quatre bateaux.

witness
toward
fleet

Est-ce une nouvelle flotte anglaise? Non, le pavillon° qui flotte au mât° des bateaux n'est pas l'Union Jack. C'est un pavillon blanc et bleu avec des fleurs de lis°—le pavillon de la marine° royale française. Cette flotte vient au secours° des patriotes américains.

flag
mast

navy; aid

Si la France s'est engagée° aux côtés° des Américains, c'est surtout grâce à° deux hommes, LaFayette et Benjamin Franklin. LaFayette est un jeune aristocrate français qui a décidé de combattre pour l'indépendance américaine. Benjamin Franklin est l'ambassadeur des États-Unis en France, où il a beaucoup d'amis. Il est allé voir Louis XVI, le roi° de France, et il lui a demandé d'intervenir° en faveur des «insurgents» américains. L'opinion française est très favorable à cette intervention. Le roi a accepté. En 1778, la France et les États-Unis ont signé un traité° d'amitié° et d'alliance. Le roi de France a promis à

joined combat; side
thanks to

king
to intervene

treaty; friendship

Entrevue de la Fayette avec Franklin à Paris avant son départ pour l'Amérique
1777.

Franklin de l'argent. Il a aussi promis d'envoyer° sa flotte, son   *to send*
armée et son meilleur général, le comte de Rochambeau.

Vive la France! Vivent les Français! Les Français qui
débarquent à Newport le 11 juillet 1780 sont acclamés comme
des héros. Ils sont 6.000. Après le débarquement de ses troupes,
Rochambeau va rencontrer Washington. Les deux généraux
discutent d'une stratégie commune.° Pour l'instant la stratégie   *joint*
est d'attendre le moment favorable pour attaquer les Anglais.
Les Français s'impatientent. Ils ne sont pas venus pour camper à
Newport. Ils sont venus pour se battre!

1781.   En 1781, Washington décide finalement d'attaquer les
Anglais. L'objectif est Yorktown en Virginie, où se trouve l'armée
anglaise du général Cornwallis. Le 10 juin, l'armée française
quitte Newport. Le 5 juillet, elle rejoint l'armée américaine à
Philipsburg, près de Philadelphie. Les deux armées, 6.000
Français et 6.000 Américains, marchent sur Yorktown, où se
trouve déjà une armée américaine commandée par LaFayette.
Une seconde armée française de 3.000 hommes débarque à
Williamsburg. L'escadre° française, commandée par l'amiral de   *squadron*

Grasse, entre dans la baie de Chesapeake. L'armée anglaise de Cornwallis est complètement encerclée.

La bataille de Yorktown commence en septembre. Elle dure° trois semaines. Le 19 octobre, le général Cornwallis capitule.° Cette capitulation a été immortalisée par le peintre° américain Trumbull. On voit le général Cornwallis s'avancer entre deux colonnes° d'officiers: à gauche les officiers français, à droite les officiers américains.

lasts

surrenders;
painter

columns

La victoire de Yorktown est l'événement° décisif de la guerre° d'indépendance. En 1783, au traité de Versailles, l'Angleterre reconnaît° l'existence des États-Unis.

event
war
recognizes

AVEZ-VOUS COMPRIS ?

Personnages historiques Un grand nombre de personnages historiques sont mentionnés dans le texte. Inscrivez le nom de certains de ces personnages dans le tableau ci-dessous.

1. le roi de France: _____
2. le chef des troupes françaises: _____
3. le chef des troupes américaines: _____
4. l'ambassadeur des États-Unis en France: _____
5. un jeune aristocrate français: _____
6. un général anglais: _____
7. un peintre américain: _____
8. un amiral français: _____

A. Le verbe *battre*

Le verbe **battre** *(to beat)* et ses dérivés sont irréguliers. Voici la conjugaison de ce verbe.

‚ like mettre

INFINITIF:	**battre**		
PRÉSENT:	je **bats**	nous **battons**	
	tu **bats**	vous **battez**	
	il **bat**	ils **battent**	
PASSÉ COMPOSÉ:	j'**ai battu**		

Voici quelques verbes conjugués comme **battre:**

abattre	*to knock down*	Les soldats **abattent** la forteresse.
combattre	*to fight*	Il faut **combattre** l'injustice.
débattre	*to debate*	Nous **avons** longtemps **débattu** cette question.
se battre	*to fight*	Les Américains **se sont battus** contre les Anglais.
se débattre	*to struggle*	Il faut **se débattre** contre les difficultés de l'existence.

B. La guerre et la paix

la guerre *(war)* ≠ **la paix** *(peace)*
 la première guerre mondiale
 la deuxième guerre mondiale
 En 1941, les Américains **sont entrés en guerre** contre le Japon. Après la guerre, on signe un **traité de paix.**

un ennemi ≠ **un allié**
 Pendant la deuxième guerre mondiale, les Américains et les Anglais étaient **alliés.** Les Américains et les Allemands étaient **ennemis.**

une victoire ≠ **une défaite**
 Yorktown a été une **victoire** pour les Américains et une **défaite** pour les Anglais.

une bataille
 On **gagne une bataille** ou on la **perd.**

une armée
l'armée de terre	**un général, un officier, un soldat** *(soldier)*
la marine *(navy)*	**un amiral, un marin** *(sailor)*
l'armée de l'air	**un pilote**

ACTIVITÉ

Les Américains n'ont pas oublié l'aide de la France. En 1917, les États-Unis ont envoyé un corps expéditionnaire pour aider les Français. Quelle est la phrase historique prononcée par le général Pershing, commandant de ce corps expéditionnaire, quand il est arrivé en France? Pour découvrir cette phrase, complétez les phrases avec les mots qui conviennent. Mettez les lettres numérotées dans leur case respective.

1. Pour les Européens, la première __ __ __ __ __ __ mondiale a duré de
                                           12   9
   1914 à 1918.

2. En 1914, les Anglais étaient des __ __ __ __ __ __ de la France.
                                4   17   13

3. Les Américains ont __ __ __ __ __ __ __ avec les Anglais et les
                         11   2
   Français.

4. Beaucoup de __ __ __ __ __ __ __ sont morts à la bataille de Verdun.
                  15 1   8

5. En français, *la marine* n'est pas «the Marines», mais «the __ __ __ __».
                                                       10 14 5

6. En 1918, après l'Armistice, les armées ont cessé de
   __ __ __ __ __ __ __ __.
    6   18   7

7. Pour les Américains, les Anglais et les Français, l'Armistice était la victoire. Pour les Allemands, c'était la __ __ __ __ __ __.
                                                   3   16

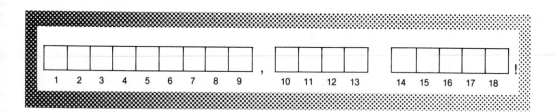

| 1 | 2 | 3 | 4 | 5 | 6 | 7 | 8 | 9 | , | 10 | 11 | 12 | 13 | | 14 | 15 | 16 | 17 | 18 | ! |

13

Saint-Exupéry

Ses amis l'appelaient Saint-Ex. En réalité, il s'appelait Antoine de Saint-Exupéry. C'est un très grand écrivain français. C'est aussi l'un des pionniers de l'aviation. Voici son histoire.

Saint-Exupéry est né à Lyon en 1900. Très jeune, il rêve° d'aventure. Sa grande ambition est d'être officier dans la marine.° Pour être officier, il faut réussir à un examen très difficile. Saint-Exupéry passe l'examen et échoue° . . . Il y a heureusement une autre solution, l'aviation. À cette époque,° l'aviation était extrêmement dangereuse. Le danger, le risque, c'est précisément ce que veut Saint-Exupéry. Pendant son service militaire, il apprend à piloter. Maintenant, Saint-Exupéry a une seule idée en tête: voler.°

Après son service militaire, il se présente au directeur d'une compagnie aérienne° et il lui exprime° son désir de devenir° pilote. Le directeur lui répond: «Faites comme les autres. Vous allez d'abord travailler comme mécanicien.»

Saint-Exupéry devient donc mécanicien. En 1927, il réalise finalement son rêve. Il est pilote de ligne. Il accomplit des missions très dangereuses au-dessus de° la Méditerranée, au-dessus du Sahara. Il a plusieurs accidents en plein désert.° Plus tard il est nommé directeur de sa propre° compagnie pour l'Amérique du Sud. Là aussi, il accomplit d'autres missions difficiles au-dessus des Andes.

Pour Saint-Exupéry, voler ce n'est pas seulement piloter un avion. C'est aussi méditer, réfléchir.° Pendant ses missions,

dreams

navy

fails

time

to fly

airline; express;
to become

over

the middle of
the desert
own

to reflect

61

Saint-Exupéry médite longuement sur la solitude, sur l'amitié,°   *friendship*
sur le sens° de l'existence, sur la condition humaine, sur la   *meaning*
liberté. Puis il publie° ses réflexions. Ses livres ont un succès im-   *publishes*
médiat.

Malheureusement, la compagnie pour laquelle Saint-
Exupéry travaille a des problèmes financiers très sérieux. Saint-
Exupéry doit quitter cette compagnie. Il devient journaliste. Il va
en Espagne, en Russie, en Allemagne. Il vole quand il peut.

En 1939, la France entre en guerre° contre l'Allemagne.   *war*
Saint-Exupéry s'engage° immédiatement dans l'armée. Bien-   *enlists*
tôt° c'est la défaite.° La France est occupée par les troupes   *soon; defeat*
d'Hitler.

Saint-Exupéry n'accepte pas cette défaite. Il décide de quitter la France. Il s'installe° aux États-Unis, où il continue à   *settles*
écrire. C'est à New York qu'il publie *Le Petit Prince,* l'un de ses
livres les plus célèbres.

En 1942, les Américains débarquent° en Afrique du Nord.   *land*
Saint-Exupéry décide de rejoindre l'armée américaine. À 42 ans,
il se porte volontaire° pour être pilote. On lui dit qu'il est trop   *volunteers*
vieux. Il insiste. Finalement il obtient° satisfaction. On lui donne   *obtains*
un avion. Il accomplit plusieurs missions au-dessus de la France
occupée.

Le 31 juillet 1944, Saint-Exupéry part pour sa dernière mission. Son avion est détruit° par des avions allemands au-dessus   *destroyed*
de la Méditerranée. Ce jour-là, Saint-Exupéry n'est pas rentré ...
En plein ciel, il a trouvé le risque, la mort, et la gloire.

AVEZ-VOUS COMPRIS ?

Indiquez si les phrases suivantes sont vraies ou fausses.
Si elles sont fausses, expliquez pourquoi.

vrai / faux

1. Saint-Ex est l'abbréviation de Saint-Exupéry.
2. Saint-Exupéry a d'abord été un officier de marine.
3. Saint-Exupéry n'aimait pas le danger.
4. Avant d'être pilote, il a été mécanicien.
5. Pendant qu'il volait, Saint-Exupéry réfléchissait aux grands problèmes de l'existence.
6. Il a écrit plusieurs livres.
7. Il a beaucoup voyagé.
8. Il est allé aux États-Unis parce qu'il ne voulait pas faire la guerre.
9. À 42 ans, il pensait qu'il était trop vieux pour piloter.
10. Saint-Exupéry est mort dans un accident d'avion quelques années après la guerre.

Les transports aériens

L'avion *(m.)*

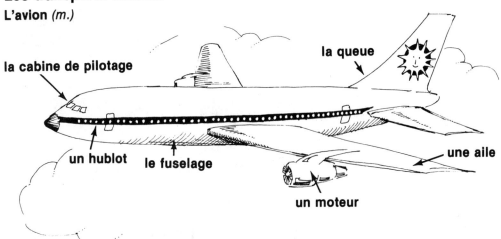

la queue

la cabine de pilotage

un hublot   le fuselage

une aile

un moteur

Les premiers avions étaient des **avions à hélice** *(propeller planes)*. Ces avions étaient assez lents *(slow)*. Maintenant, on utilise des **avions à réaction** *(jets)*, qui sont beaucoup plus rapides.

L'équipage *(m.) (crew)*
   Le pilote pilote l'avion.
   L'hôtesse de l'air aide **les passagers.**
   Le steward aide aussi les passagers.

Le vol *(flight)*

décoller	*to take off*	**le décollage**	*take-off*
atterrir	*to land*	**l'atterrissage** *(m.)*	*landing*
voler	*to fly*	**le vol**	*flight*
embarquer	*to board, to embark*	**l'embarquement** *(m.)*	*boarding*
débarquer	*to deplane*	**le désembarquement**	*deplaning*

ACTIVITÉ   Racontez votre premier voyage en avion. Où êtes-vous allé(e)? Avez-vous voyagé seul(e) ou avec votre famille? Quelle sorte d'avion avez-vous pris? Est-ce qu'il y a avait beaucoup de passagers? Avez-vous eu peur au moment du décollage? Qu'est-ce que vous avez fait pendant le vol? Qu'est-ce qu'ont fait les hôtesses de l'air et les stewards? Est-ce qu'il y a eu des incidents? À quoi avez-vous pensé pendant le vol? Est-ce que l'atterrissage a été facile? (Si vous n'avez jamais voyagé en avion, décrivez un voyage imaginaire.)

14

La bande dessinée au musée

Quand vous lisez le journal, est-ce que vous commencez par les résultats sportifs, par l'horoscope . . . ou par les bandes dessinées°? En France, la bande dessinée est une forme de lecture° très populaire chez les jeunes . . . et aussi chez les moins jeunes.

La première bande dessinée est née vers° 1830 à Épinal, une petite ville de l'est de la France. Les «images d'Épinal» illustraient les scènes de la Bible, les événements° importants de l'histoire de France, la vie des héros, des découvertes° scientifiques. Ces images avaient donc une certaine valeur° éducative: en lisant les «images d'Épinal», les enfants apprenaient ce qu'ils refusaient parfois° d'apprendre à l'école . . .

Aujourd'hui, les jeunes ont le choix entre des centaines° de bandes dessinées différentes. Le héros le plus populaire est probablement Tintin. Tintin est un jeune détective qui résout° les énigmes° les plus compliquées en compagnie de Milou, son célèbre chien blanc. Des générations de Français ont suivi° avec passion les aventures de Tintin: Tintin au Congo, Tintin en Égypte, Tintin au Mexique, Tintin au Far-West . . . Mais aujourd'hui Tintin a plus de cinquante ans! C'est en effet en 1929 que son créateur,° l'artiste belge° Hergé, a dessiné° la première bande de Tintin. Depuis cette date, 50 millions d'albums ont été vendus dans le monde entier.° Pour célébrer le cinquantième anniversaire de Tintin, le gouvernement belge a organisé une exposition° au Palais des Beaux-Arts° de Bruxelles. Tintin au musée? Pourquoi pas? En France et dans les pays francophones,° on considère la bande dessinée comme un art et comme une forme de littérature.

comic strips
reading

around

events
discoveries
value

sometimes
hundreds

solve
mysteries
have followed

creator; Belgian;
drew

whole

exhibit; Palace
of Fine Arts
French-speaking

LE SECRET de LA LICORNE

Je ne me trompe pas : voilà Dupont et Dupond.

Bonjour !... Comment allez-vous ?

Qui voilà !

Tintin !

Que faites-vous ici ?... A la recherche d'occasions ? — Chut !... Secret et confidentiel !... Mission spéciale : pick-pockets.

Mais ça ne nous a pas empêchés de découvrir ce splendide lot de can... nes...

Combien ? — Vingt-cinq francs.

Quinze francs ?

Vingt... et ça me coûte plus cher...

Vous voyez ? Ici, il faut toujours marchander.

[?]

On m'a volé mon porte-feuille !

Mais voyons, c'est ridicule ! ... Tu l'auras sans doute oublié à la maison... ou peut-être l'as-tu perdu ?

Non, on me l'a volé, j'en suis sûr !

Hergé

AVEZ-VOUS COMPRIS ?

Indiquez si les phrases suivantes sont vraies ou fausses. Si elles sont fausses, expliquez pourquoi.

vrai / faux

1. Les Français aiment lire les bandes dessinées.
2. Les premières bandes dessinées ont été publiées en France un peu avant la deuxième guerre mondiale *(World War II)*.
3. Les «images d'Épinal» sont des photos prises à Épinal.
4. En France, il y a beaucoup de bandes dessinées différentes.
5. Tintin et Milou sont deux jeunes détectives.
6. Les albums de Tintin ont beaucoup de succès.
7. Le créateur de Tintin est un artiste français.
8. Les Français ont généralement une opinion négative de la valeur artistique des bandes dessinées.

La lecture

un journal	*newspaper*
un article	*article*
les nouvelles *(f. pl.)*	*news*
un récit	*narrative, story*
un fait divers	*minor news item*
les petites annonces *(f. pl.)*	*classified ads*
un dessin	*drawing*
une photo	*photograph, picture*
une histoire	*story*
une histoire drôle	*funny story*
une bande dessinée	*cartoon, comic*
des mots croisés *(m. pl.)*	*crossword puzzle*
un roman	*novel*
un roman policier	*detective story*
une pièce (de théâtre)	*play*
un auteur	*author*
une intrigue	*plot*
un personnage	*character*

ACTIVITÉ 1 Décrivez et évaluez votre journal local (ou le journal que lisent vos parents). Dites si ce journal contient les éléments suivants. Donnez votre opinion sur chacun de ces éléments (excellent, assez bon, médiocre, mauvais).

1. les nouvelles nationales
2. les nouvelles internationales
3. les faits divers
4. les pages des sports
5. les petites annonces
6. les photos
7. les bandes dessinées
8. les critiques de films ou de livres

ACTIVITÉ 2 Décrivez votre bande dessinée favorite. Qui est l'auteur de cette bande dessinée? Qui sont les personnages principaux? Quelle est leur personnalité?

Quelques superstitions communes en France

15

Certaines superstitions sont universelles. D'autres sont plus particulières à un pays. La plupart° des superstitions sont très anciennes. Certaines remontent° à l'Antiquité.°

most

go back; ancient times

- Voir un chat noir porte° bonheur.

brings

Le chat a toujours été considéré comme un animal mystérieux. Pour les Égyptiens, c'était un animal sacré. Tour à tour,° on a pensé que les chats portaient malheur° ou bonheur. En France, la vue° d'un chat noir est généralement considérée comme un signe de chance.°

By turns

unhappiness

sight

luck

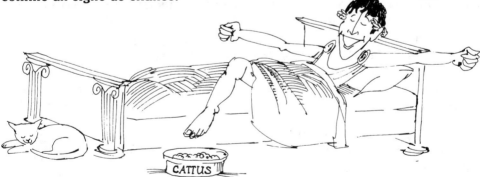

CATTUS

- Il ne faut pas se lever du pied gauche.

C'est une superstition très ancienne qui remonte à l'époque° romaine. Un Romain faisait très attention quand il se levait le matin. S'il posait° le pied droit d'abord sur le sol,° tout allait bien. Si c'était le pied gauche, tout allait mal.

era

put down; ground

- Le vendredi 13 est un jour de chance.

Cette superstition représente la combinaison de deux superstitions contradictoires. Le chiffre° 13 est un nombre premier°   *number; prime*
qui ne peut pas être divisé par aucun° autre. Pour cela, les An-   *any*
ciens considéraient le chiffre 13 comme portant malheur. Au
contraire, vendredi, qui était le jour de Vénus, la déesse° des   *goddess*
Arts et de l'Amour, était un jour qui portait bonheur. Pour les
pessimistes, le vendredi 13 porte malheur . . . Pour les op-
timistes, le vendredi 13 porte généralement bonheur.

- On ne doit pas renverser° du sel sur une table.   *spill*

Renverser du sel porte malheur. Cette superstition est
d'origine romaine. À Rome, le sel était une marchandise° très   *commodity*
rare and par conséquent très précieuse. Gaspiller° le sel était   *To waste*
considéré comme un crime. On attribue une autre origine à
cette superstition du sel. Le sel est le symbole des larmes.° Si   *tears*
vous renversez du sel, vous verserez° des larmes . . . Attention!   *will shed*
Si vous êtes amoureux/amoureuse,° manipulez° la salière°   *in love; handle;*
avec prudence!   *salt shaker*

- On ne doit pas passer sous une échelle.°   *ladder*

C'est un réflexe de prudence. Si vous passez sous une
échelle, vous prenez le risque qu'elle tombe sur vous.

- On ne doit pas allumer° trois cigarettes avec la même   *light*
  allumette.°   *match*

La flamme d'une allumette signale la présence de quelqu'un.
Quand trois soldats allumaient leur cigarette avec la même
allumette, l'ennemi avait assez de temps pour viser° et tirer.°   *aim; fire*

- La vue d'une araignée° peut porter bonheur ou malheur. *spider*

  Cela dépend du moment où on a vu l'araignée. Le proverbe
dit, en effet,

Araignée du matin, signe de chagrin°! *sorrow*
Araignée du soir, signe d'espoir°! *hope*

AVEZ-VOUS COMPRIS ?

La personne-mystère En France, cette personne a la réputation de pouvoir prédire *(predict)* l'avenir. Trouvez le nom de la personne-mystère en faisant les mots croisés suivants. Pour cela, remplissez *(fill)* les cases par les mots correspondant aux définitions.

1. Le jour de Vénus
2. Le contraire de *malheur*
3. Chez eux, le chat était un animal sacré.
4. Le contraire de *droit*
5. Un insecte qui porte bonheur le soir
6. On l'utilise pour allumer une cigarette.
7. Une marchandise rare chez les Romains

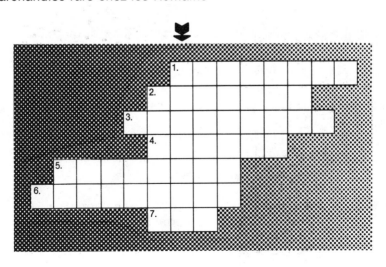

Enrichissez votre **VOCABULAIRE**

A. Mots dérivés du mot *voir*

Un certain nombre de mots sont dérivés du verbe **voir**. Voici plusieurs de ces mots:

voir	to see	
la vue	view, sight	De ma chambre, la **vue** est très belle.
	eyesight	François a une excellent **vue.**
la visibilité	visibility	Aujourd'hui la **visibilité** est mauvaise.
une voyante	fortune teller	Les **voyantes** pensent prédire l'avenir.
prevoir	to foresee, to forecast	On **prévoit** du beau temps pour dimanche.
une prévision	forecast	Vos **prévisions** sont très optimistes.
revoir	to see again	J'**ai revu** Paul cet après-midi.
	to review	Vous devez **revoir** les verbes irréguliers.
une révision	review	J'ai fait une **révision** avant l'examen.
une revue	magazine	As-tu lu cette **revue**?
	parade	Le 14 juillet, il y a une **revue** militaire à Paris.
au revoir	see you later	**Au revoir** et bon boyage!

B. La chance

la chance	luck	le bonheur	happiness
la malchance	bad luck	le malheur	misfortune, unhappiness
le hasard	chance		
l'avenir (m.)	future		
la destinée	destiny		

ACTIVITÉ 1 Voici certaines opinions. Dites si oui ou non vous êtes d'accord avec ces opinions. Expliquez votre position.

1. Les femmes sont plus superstitieuses que les hommes.
2. Certaines personnes peuvent prévoir l'avenir.
3. Il est inutile *(useless)* de faire les prévisions car *(because)* l'avenir est incertain.
4. C'est le hasard qui détermine notre destinée.
5. Ce sont toujours les mêmes personnes qui ont de la chance.
6. Vendredi 13 est un jour de malchance.

ACTIVITÉ 2 D'après vous, est-ce que les Américains sont superstitieux? Expliquez certaines superstitions communes aux États-Unis. Dites si vous croyez à ces superstitions. Expliquez votre position.

Histoire du drapeau français

16

Trois bandes° verticales. Les couleurs: bleu, blanc, rouge. Vous connaissez certainement ce drapeau.° C'est le drapeau français.

stripes
flag

L'ancienne France. À l'origine,° le drapeau n'était pas un symbole national, mais un emblème militaire. Chaque régiment, chaque compagnie avait son drapeau. Dans les batailles, on reconnaissait° les troupes françaises à la croix° blanche de leurs drapeaux. Cette croix blanche était l'emblème de la monarchie française, mais en réalité, le seul et unique symbole de la France était la personne du roi° lui-même.°

originally

recognized;
cross

king; himself

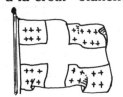

Drapeau des gardes françaises
(avant 1789)

La Révolution. En 1791, la Révolution française a supprimé° la monarchie. Par conséquent, le symbole de la France, qui était le roi, disparaissait.° Il fallait trouver un autre symbole. Ce symbole a été la cocarde° tricolore. (Le blanc était traditionnellement la couleur de la France. Le bleu et le rouge étaient les couleurs de Paris.) Pendant la Révolution, les patriotes portaient cette fameuse cocarde sur leurs chapeaux. Les drapeaux des régiments français portaient aussi cette cocarde sous une forme ou sous une autre.

abolished

disappeared
rosette

La cocarde tricolore

bleu —
rouge —

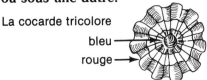

Chapeau avec cocarde

Napoléon. C'est avec Napoléon (devenu° empereur des *became*
Français en 1804) que le drapeau est vraiment devenu le symbole national. Sur les premiers drapeaux, le centre était occupé par un losange° blanc et les couleurs bleu et rouge se trouvaient *diamond*
à l'extérieur.

En 1812, le drapeau français a été uniformisé avec l'adoption des trois bandes verticales utilisées actuellement.° L'aigle° *at present; eagle*
qui apparaît° sur les drapeaux de cette époque° est l'emblème *appears; era*
de Napoléon.

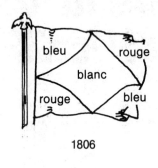

1806

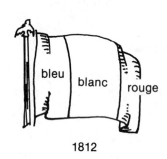

1812

1816–1830. Après la destitution° de *removal*
Napoléon, les rois qui lui ont succédé ont voulu changer le drapeau. Le drapeau français est redevenu° un drapeau blanc *again became*
avec des <u>fleurs de lis</u> (symbole de la monarchie) au centre.

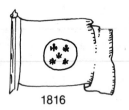

1816

1830. Cette année-là, une nouvelle révolution a éclaté° en *broke out*
France. Le nouveau gouvernement a décidé de réinstituer le drapeau tricolore comme emblème national.

1848. Dernier épisode dans l'histoire du drapeau français. Une autre révolution a eu lieu° en février de cette année-là. Est- *took place*
ce qu'on allait changer de drapeau encore une fois? À Paris, certains révolutionnaires voulaient adopter le drapeau rouge, symbole de la révolution universelle, comme drapeau national. Mais un adversaire° de cette idée a déclaré: «Le drapeau bleu, blanc, *opponent*
rouge a fait le tour du monde° avec nos libertés et nos gloires. Le *has gone around*
the world
drapeau rouge n'a fait que° le tour du Champ de Mars[1].» Les *only*

[1]Une place à Paris qui était réservée autrefois *(formerly)* aux manoeuvres militaires.

révolutionnaires ont **abandonné l'idée du drapeau rouge.**
Depuis, le fameux drapeau bleu, blanc et rouge est resté le symbole de la France.

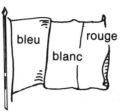

Le drapeau actuel°   *present*

AVEZ-VOUS COMPRIS ?

Le drapeau américain est appelé parfois *(sometimes)* «Old Glory». Voulez-vous connaître le nom que l'on donne parfois au drapeau français? Pour cela, faites les mots croisés en inscrivant les mots correspondant aux définitions. Tous ces mots sont dans le texte que vous avez lu. En lisant les mots croisés verticalement, vous trouverez le nom du drapeau français.

1. Le nom d'un roi de France
2. Un empereur
3. Le contraire d'*horizontal*
4. Un monarque
5. La capitale de la France
6. Une couleur du drapeau français

7. Une autre couleur
8. Encore une autre couleur
9. Une forme géométrique
10. Un groupe de soldats commandé par un colonel
11. Un grand oiseau

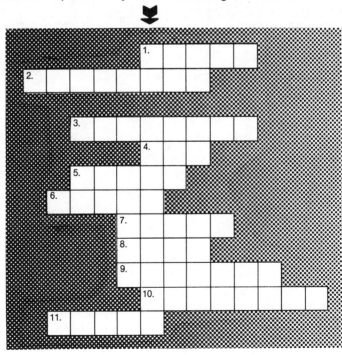

A. Le préfixe *re-*

Au début d'un verbe, le préfixe **re** (**ré-** ou **r-**) a souvent le sens de «back» ou «again».

venir	*to come*
revenir	*to come back, to come again*
devenir	*to become*
redevenir	*to become again*

Le drapeau français **est redevenu** un drapeau blanc.

ACTIVITÉ 1
Dites que Caroline va refaire demain ce qu'elle fait aujourd'hui.

Caroline téléphone à Paul. **Elle va retéléphoner à Paul demain.**

1. Elle joue au tennis.
2. Elle lit le journal.
3. Elle prend des photos.
4. Elle dîne en ville.
5. Elle parle à ses amis.
6. Elle visite un musée.

B. Quelques formes géométriques

Nom	Adjectif
un triangle	triangulaire
un carré	carré
un rectangle	rectangulaire
un losange	en losange
un hexagone	hexagonal
un cercle	circulaire, rond
un ovale	ovale
une droite	droit, rectiligne
une courbe	courbe

ACTIVITÉ 2
Décrivez la forme des objets suivants.

1. un disque
2. un ballon de football
3. une roue
4. une balle de golf
5. le drapeau américain
6. un livre
7. la table de votre salle à manger
8. la table de votre chambre
9. un oeuf
10. votre montre
11. votre maison

17

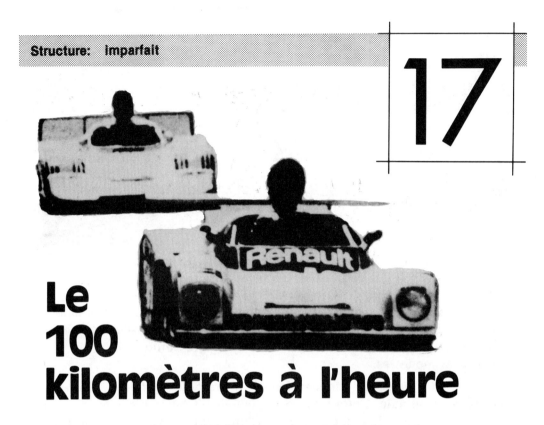

Le 100 kilomètres à l'heure

Il y a cinquante ans, il fallait six jours pour traverser° *to cross*
l'Atlantique en bateau. Aujourd'hui, avec Concorde, l'avion
supersonique franco-britannique, il faut seulement trois heures
et vingt minutes pour aller de Paris à New York. Pour nous, la
vitesse° fait partie° de notre existence quotidienne° . . . *speed; is part; daily*

L'homme de 1900, lui, ne connaissait pas l'avion. Il ne
pouvait donc pas imaginer la possibilité de vitesse supersonique.
À cette époque,° le «100 kilomètres à l'°heure[1]» représentait une *era; per*
performance extraordinaire.

Le premier homme qui a atteint° la vitesse de 100 kilo- *reached*
mètres à l'heure n'était pas un pilote d'avion, ni° un auto- *nor*
mobiliste. C'était un chauffeur de train.° Quand et où a été *engineer*
réalisée cette performance extraordinaire? On ne sait pas
exactement. Probablement vers 1850 en Angleterre. À cette
époque-là, l'automobile n'existait pas.

Les progrès de la voiture ont été lents.° Des ingénieurs *slow*
français ont joué un rôle capital dans le développement de
l'automobile. Voici quelques dates dans l'histoire de la conquête
de la vitesse.

[1]100 kilomètres à l'heure (100 Km/h) ≈ 60 milles à l'heure *(60 mph).*

75

1865. C'est en 1865 qu'un ingénieur français, Lenoir, a inventé un moteur à gaz de pétrole. Il a installé ce moteur sur un chassis et quatre roues. C'est ainsi° qu'est née la première voiture à essence°! Avec ce véhicule, Lenoir est allé de Paris à Joinville. La distance: huit kilomètres. La moyenne°: 12 kilomètres à l'heure. Les performances de la première automobile étaient très modestes.

thus
gasoline
average speed

1872. Cette année-là, Amédée Bollée a créé° la première voiture commerciale. Cette voiture s'appelait «l'Obéissante°». Ce n'était pas une voiture à essence, mais une voiture à vapeur.° Cette voiture pouvait atteindre la vitesse alors prodigieuse° de 20 kilomètres à l'heure, mais elle avait un inconvénient° considérable: le chauffeur devait s'arrêter° très souvent pour mettre de l'eau dans le moteur. Cinq années plus tard, en 1879, Amédée Bollée a fait le premier voyage international: Paris-Vienne, à la moyenne de 10 kilomètres à l'heure.

created
obedient girl
steam
amazing
drawback
to stop

1891. Plusieurs ingénieurs français, Peugeot, Panhard, Levassor, Renault, ont adopté le moteur de l'ingénieur allemand Daimler sur leurs véhicules. Ces ingénieurs ont ainsi développé les premières voitures commerciales à essence.

1894. La première course° automobile a eu lieu° en France, le 22 juillet 1894. La distance était modeste: Paris-Rouen (126 kilomètres). Au départ, il y avait treize voitures à pétrole, deux voitures électriques et une seule voiture à vapeur. C'est cette voiture à vapeur qui a gagné la course à la moyenne de 19,4 kilomètres à l'heure. L'année suivante, des sportifs ont fondé° l'Automobile Club de France. Ce club a organisé la course Paris-Bordeaux-Paris. C'était une course très longue: 1.200 kilomètres. Cette fois, c'est une voiture à pétrole qui a remporté la victoire à la moyenne de 24 kilomètres à l'heure.

race; took place

founded

1899. Les vitesses ont très vite° augmenté.° En 1899, une   *quickly;*
voiture automobile a réussi à atteindre pour la première fois le   *increased*
«100 kilomètres à l'heure». Cette performance a été réalisée par
une voiture électrique qui s'appelait «Jamais contente».

Après 1900, les progrès techniques ont favorisé° les   *favored*
voitures à essence. Les courses se sont alors multipliées: Paris-
Marseille-Paris, Paris-Dieppe, . . . En 1903 a eu lieu la grande
course automobile Paris-Madrid. De nombreux° coureurs° ont   *numerous;*
pris part à cette course avec des voitures qui pouvaient   *racers*
marcher° à 100 à l'heure! Hélas, il y a eu de nombreux acci-   *run*
dents . . . et de nombreuses victimes. On a dû arrêter la course à
Bordeaux . . . La voiture était devenue° un engin rapide. Elle   *had become*
était aussi devenue l'engin de la mort°!   *death*

AVEZ-VOUS COMPRIS ?

Indiquez si les phrases suivantes sont vraies ou fausses.
Si elles sont fausses, expliquez pourquoi.

vrai / faux

1. Le Concorde va plus vite que le son *(sound)*.
2. En 1850, les trains n'existaient pas.
3. Le premier homme qui a atteint le 100 kilomètres à l'heure
   était un ingénieur français.
4. Lenoir a inventé la voiture électrique.
5. La voiture d'Amédée Bollée était une voiture à vapeur.
6. La voiture électrique est une invention du vingtième siècle
   (century).
7. La première voiture qui a atteint le 100 kilomètres à l'heure
   était une voiture à vapeur.
8. La vitesse est une des causes des accidents de voiture.

A. La voiture

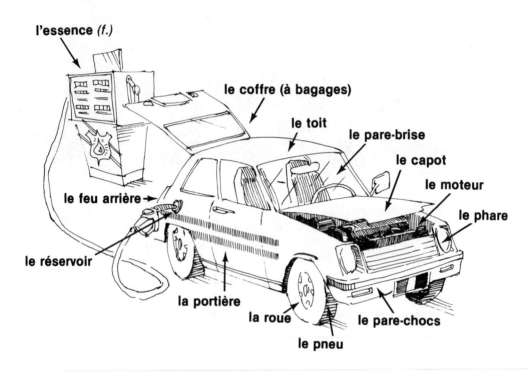

l'essence (f.)

le coffre (à bagages)

le toit

le pare-brise

le capot

le moteur

le feu arrière

le phare

le réservoir

la portière

la roue

le pare-chocs

le pneu

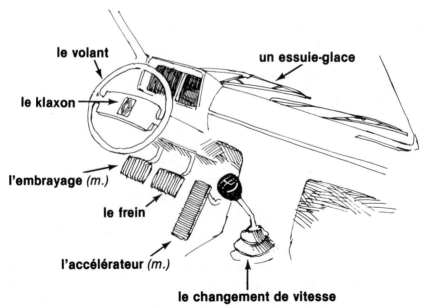

le volant

un essuie-glace

le klaxon

l'embrayage (m.)

le frein

l'accélérateur (m.)

le changement de vitesse

allumer	*to turn on (lights)*	On **allume** les phares.
arrêter	*to stop*	On **arrête** le moteur.
changer	*to change*	On **change** les roues.
gonfler	*to inflate*	On **gonfle** les pneus.
laver	*to wash*	On **lave** le pare-brise.
mettre	*to put on, to turn on*	Je **mets** les essuie-glace.
nettoyer	*to clean*	On **nettoie** les bougies *(spark plugs)*.
vérifier	*to check*	On **vérifie** les freins.
faire le plein	*to fill up*	Le garagiste **fait le plein.**

ACTIVITÉ 1

Imaginez que vous avez une voiture. Dites ce que vous faites dans les circonstances suivantes. Utilisez un verbe du vocabulaire.

⟩⟩ Il fait nuit. **J'allume les phares.**

1. Vous allez faire un long voyage.
2. Votre voiture est sale *(dirty).*
3. Vous avez une crevaison *(flat tire).*
4. Il n'y a pas assez d'air dans les pneus.
5. Il pleut.
6. Il ne pleut plus.
7. Je n'ai pas assez d'essence.

ACTIVITÉ 2

Décrivez la voiture de vos parents ou la voiture d'un ami.

B. La vitesse

la vitesse   speed

rapide *(fast)* ≠ **lent** *(slow)*		La gazelle est **rapide**. La tortue est **lente**.
vite *(fast)* ≠ **lentement** *(slowly)*		Vous allez trop **vite**! Allez plus **lentement**!

Quelques verbes

marcher	*to walk*	Mon grand-père **marche** avec une canne.
	to run, to function	Zut! La radio ne **marche** pas.
	to move (at a certain speed)	Le train **marche** à 150 kilomètres à l'heure.
rouler	*to move along*	Cette voiture **roule** vite.
courir	*to run*	J'aime les exercices. Je **cours** tous les jours.

Une **course** *(race)* est une compétition sportive. Les 500 milles d'Indianapolis sont une **course automobile**. Un **coureur** *(runner, racer)* est une personne qui participe à une course.

accélérer	*to accelerate, to go faster*	Pierre **accélère** parce qu'il ne veut pas être en retard.
ralentir	*to slow down*	Je **ralentis** parce que la visibilité est mauvaise.

▶▶ **Rapide** est un *adjectif* qui modifie un nom. **Vite** est un *adverbe* qui modifie un verbe.

Les Mercédès sont des voitures **rapides**. Elles vont **vite**.

▶▶ Le verbe **courir** est irrégulier:

présent: je **cours**, tu **cours**, il **court**,
   nous **courons**, vous **courez**, ils **courent**

passé composé: j'ai **couru**

futur: je **courrai**

ACTIVITÉ 3

1. Quelle est la limite de vitesse aux États-Unis? Est-ce que vos parents roulent à une vitesse plus grande ou moins grande que cette vitesse limite?
2. Aimez-vous marcher? Est-ce que vous marchez pour aller à l'école? Combien de kilomètres marchez-vous par jour?
3. Aimez-vous courir? Avez-vous participé à une course à pied? à une course de bicyclette?

18

Adieu la France!

Mars 1895.   Un bateau quitte le port de Marseille. Sur le pont,° un homme regarde la côte. Pour cet homme, le spectacle de la côte qui disparaît° petit à petit est la dernière image qu'il va garder° de la France. Il quitte en effet son pays pour toujours.

Qui est cet expatrié° et pourquoi part-il? Pour chercher fortune? Pour la gloire? Pour l'aventure? Non! S'il part, c'est parce qu'il a décidé de renoncer à la civilisation. Pour toujours! Il veut vivre° loin de la France, loin de l'Europe, loin de ses amis, loin de la société qu'il a connue. Son rêve° est de mener° une vie simple et tranquille dans une île au bout° du monde.

À quoi pense-t-il ce soir-là? Peut-être à l'existence tumultueuse qu'il quitte. Il a d'abord été marin.° Puis il a travaillé dans une banque. Il avait alors une vie confortable et bien organisée. Le dimanche, il se consacrait° à son passe-temps préféré: la peinture.° Brusquement,° ce passe-temps est devenue° une véritable passion. Alors, à l'âge de 35 ans, il a tout abandonné, sa famille, son emploi,° sa maison . . . pour la peinture.

Les critiques ont rapidement remarqué° son talent. Il a exposé° avec les grand peintres° de l'époque°: Degas, Renoir . . . Il est devenu l'ami de Van Gogh. Mais un jour il s'est rendu compte° que son art ne progressait plus. Alors, pour renouveler° son inspiration, il a décidé de voyager. Il est allé à

deck
disappears
to keep
expatriot

to live
dream; to lead
end

sailor

devoted himself
painting; suddenly; became
job
noticed
exhibited; painters; time
realized
renew

Panama, à la Martinique, à Tahiti. Il a été très impressionné par les paysages° exotiques de Tahiti et surtout par la beauté et la simplicité des indigènes.° Et c'est à Tahiti qu'il retourne maintenant. *landscapes / natives*

L'artiste expatrié arrive à Tahiti en juillet 1895. Il pense° s'établir° à Papeete, la capitale de l'île. Mais là, une grande déception° l'attend. La ville s'est européanisée. Il y a maintenant l'électricité, des hôtels, des banques, des magasins. Pire,° l'administration française s'y est installée° . . . *intends / to settle / disappointment / Worse / was installed*

L'artiste déçu° quitte Papeete. Il s'installe dans un petit village indigène où il construit° une hutte. Là, il réalise enfin son rêve: vivre libre dans un cadre° primitif, avec des gens simples et heureux. Il recommence° à peindre.° Ses modèles sont les indigènes du village où il habite. Il apprend leur langue. Il les protège° contre les tracasseries° de l'administration. Il devient leur ami. *disappointed / built / setting / again begins; to paint / protects; annoyances*

Quand il meurt° en 1903, les Tahitiens perdent leur protecteur. Le monde perd un grand artiste. Cet artiste s'appelle Paul Gauguin. C'est l'un des plus grands artistes français. *dies*

Indiquez si les phrases suivantes sont vraies ou fausses. Si elles sont fausses, expliquez pourquoi.

vrai / faux

1. L'homme quitte la France pour des raisons politiques.
2. Il ne va jamais revenir dans son pays.
3. Cet homme est déçu *(disappointed)* par la civilisation européenne.
4. Dans sa vie, il a changé plusieurs fois de profession.
5. C'est la première fois qu'il voyage.
6. Cet homme est un critique d'art.
7. Quand il arrive à Tahiti, il découvre avec joie que Papeete est devenu une ville moderne.
8. Il quitte Papeete parce que c'est une ville où il n'y a pas de Français.
9. Il apprend la langue et les coutumes *(customs)* tahitiennes.
10. Aujourd'hui, on a oublié le nom de Paul Gauguin.

TA MATETE

Artistes et artisans *(craftsmen)*

Lisez les phrases suivantes en faisant attention aux mots en caractères gras *(boldface type)*.

Un **peintre** *(painter)* est un artiste qui fait des **tableaux** *(pictures)*. Il travaille avec un **pinceau** *(brush)* et de la **peinture** *(paint)*. La **peinture** *(painting)* est un art difficile. Un peintre peut faire des **portraits**. Il peut aussi **peindre** des **paysages** *(landscapes)*. Certaines personnes aiment la peinture **figurative,** mais d'autres préfèrent la peinture **abstraite.**

Un **sculpteur** fait des **sculptures.** Il travaille avec des matériaux comme le bois, le métal ou la pierre.

Un **dessinateur** *(designer, illustrator)* fait des **dessins** *(drawings)*. Un **dessinateur de mode** *(fashion designer)* travaille pour les maisons de couture.

Un **potier** fait de la **poterie.**

Un **ébéniste** *(cabinetmaker)* fait des meubles.

Un **marchand de tableaux** *(art dealer)* vend les tableaux qu'il expose dans sa **galerie.**

On va au **musée** pour admirer les **oeuvres d'art** *(works of art)*.

Un **chef d'oeuvre** *(masterpiece)* est une oeuvre d'art particulièrement belle.

Une **exposition** *(exhibit)* est la présentation publique d'oeuvres d'art.

ACTIVITÉ **Un grand artiste français** Pour découvrir le nom de cet artiste, trouvez les noms qui correspondent aux définitions suivantes. Mettez ces noms à leur place dans les mots croisés. Vous pourrez lire verticalement le nom d'un grand artiste du vingtième siècle *(century)*.

1. C'est un endroit où il y a beaucoup d'oeuvres d'art.
2. C'est la représentation d'une personne faite par un peintre.
3. Il fait de la poterie.
4. C'est un instrument utilisé par les peintres.
5. C'est un matériau souvent utilisé par les sculpteurs.
6. Il sait dessiner.
7. Généralement il travaille avec du bois, mais ce n'est pas un sculpteur.

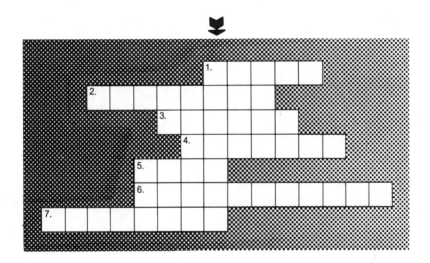

Troisième niveau

Comment prédire l'avenir

19

prédire = to predict

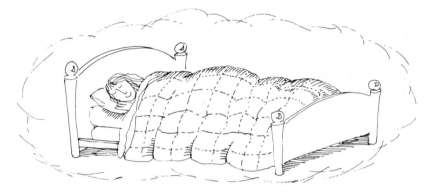

Vous voulez connaître l'avenir° mais vous n'avez pas de boule° de cristal et vous ne croyez pas trop à l'horoscope du journal! Ne désespérez° pas! Il y a une autre solution: l'analyse des rêves.° Voici comment interpréter vos rêves.

future
ball
despair
dreams

Le rêve	L'avenir	
Vous voyez un soleil très brillant.	C'est un très bon signe. Vous ferez un long voyage. Vour irez sans doute° dans un pays étranger,° peut-être dans un pays européen. En général, vous aurez une vie intéressante et heureuse.	*no doubt* *foreign*
Vous voyez une voiture.	Non, cela ne signifie pas que vous ferez un voyage. Au contraire,° cela signifie que vous devrez être très prudent.	*On the contrary*
Vous voyez un oeuf.	C'est un signe de chance.° Un jour vous serez probablement très riche. Mais attention! Si l'oeuf se casse, vous perdrez probablement votre fortune.	*luck*

Vous voyez un chat.	Attention! Vous aurez des problèmes sérieux avec les personnes que vous aimez.
Vous voyez un violon.	Vous ferez la connaissance° de nouveaux amis avec qui vous passerez de très bons moments. Vos amis seront généreux avec vous.
Vous voyez des fleurs.	Vous aurez beaucoup de chance en amour. Vous vous marierez probablement assez jeune.
Vous gagnez un prix.°	Cela ne signifie pas que vous serez heureux . . . Au contraire. Vous aurez probablement des problèmes d'argent.
Vous mangez du pain.	Vous continuerez à être en excellente santé.°
Vous voyez du feu.°	Vous avez des petites querelles avec des gens que vous connaissez bien. Vos camarades de classe, vos frères et soeurs, vos voisins, par exemple.
Vous voyez un éléphant.	Vous aurez beaucoup d'amis, et une vie sans problèmes. Plus tard vous aurez une profession intéressante. Vos supérieurs vous remarqueront° à cause de° votre intelligence et de votre esprit° d'initiative.

will meet

prize

health

fire

*will notice;
   because of
spirit*

Vous voyez des oiseaux.

Attention si les oiseaux viennent de la droite. C'est un bon signe. Vous aurez beaucoup de chance et vous gagnerez beaucoup d'argent. Si les oiseaux viennent de la gauche, c'est un mauvais signe. Vous aurez une querelle avec un ami, ou peut-être un accident. Soyez° prudent!   *Be*

Vous voyez un vase.

Attention! Vous agirez° d'une façon égoïste° et vous perdrez peut-être un ami.   *will act*
selfish

AVEZ-VOUS COMPRIS ?

Maintenant lisez les rêves des personnes suivantes et prédisez leur avenir.

1. Françoise

«J'ai fait un rêve curieux. Je suis entrée dans une vieille maison. J'ai vu du feu dans la cheminée *(fireplace)*. Je n'ai vu personne. Dans la cuisine, sur une table, j'ai remarqué trois choses: un oeuf, un vase et un bouquet de roses. Puis, je suis partie.»

2. Louis et Richard

«Nous avons fait le même rêve. Nous avons participé à un concours *(competitive exam)* et nous avons gagné. Le grand prix: une belle voiture italienne. Avec cette voiture, nous avons fait une longue promenade. Sur la route, nous avons vu des oiseaux qui volaient *(were flying)* du côté *(side)* gauche.»

3. Anne-Marie

«Quel beau rêve! J'ai entendu de la musique et j'ai vu un jeune homme qui jouait du violon. Je suis allée avec lui dans un restaurant. Nous avons mangé des sandwiches préparés avec un pain délicieux.»

4. Jean-Pierre

«Dans mon rêve, je vais en Afrique. Le soleil brille *(is shining)* et il fait très chaud. Soudain *(Suddenly)* j'aperçois *(notice)* un troupeau *(herd)* d'éléphants qui sortent de la forêt.»

5. Sylvie

«Écoutez mon rêve. J'entre dans la cuisine. Là, je vois un chat. Tout d'un coup *(Suddenly)*, le chat saute *(jumps)* sur la table et casse un oeuf.»

Le sommeil

Lisez les phrases suivantes. Faites attention aux mots en caractères gras *(boldface type)*.

dormir   *to sleep*
s'endormir   *to fall asleep*

Un **dortoir** *(dormitory)* est le bâtiment *(building)* où résident les élèves d'une école.

Quand on **a sommeil** *(is sleepy),* on dort bien. Quand on a des difficultés à dormir, on prend des **somnifères** *(sleeping pills).* Une personne qui **somnole** *(dozes)* n'est pas complètement endormie.

Une personne qui se promène *(walks)* en dormant est un **somnambule.**

Une histoire absolument incroyable *(unbelievable)* est une histoire **à dormir debout.**

rêver   *to dream*

On peut **rêver** d'être millionnaire. Rêver, c'est faire un **rêve** *(dream).* Un mauvais rêve s'appelle un **cauchemar** *(nightmare).*

ACTIVITÉS   1. Racontez un rêve récent.
2. Racontez un cauchemar.

20

Un garçon en révolte: Arthur Rimbaud (1854–1891)

RIMBAUD en juin 1872.
Dessin de Verlaine.

30 août 1870. Un train entre en Gare° de l'Est à Paris. De ce train descend un garçon pâle et fatigué. Ce garçon est un vagabond. Il est sans bagage, sans argent, sans papier d'identité . . . et sans billet.° À la sortie° de la gare, la police l'arrête. On le questionne. Comment s'appelle-t-il? Il donne un faux nom. Quel âge a-t-il? Il dit qu'il a dix-sept ans et demi, mais ce n'est pas vrai. Il est beaucoup plus jeune. Que vient-il faire à Paris? Il ne répond pas. Sur lui, les policiers découvrent un cahier rempli° de phrases étranges, incompréhensibles . . . Méfiants,° ils mettent le jeune homme en prison, où il restera une semaine.

    Qui est ce jeune et mystérieux vagabond? Il s'appelle Arthur Rimbaud. Il a quinze ans et demi. Il est issu° d'une famille aisée° et respectable. Il habite une maison confortable. À l'école, c'est un élève particulièrement brillant. Arthur Rimbaud a tout pour être heureux. Pourtant,° il n'est pas heureux. En réalité, c'est un garçon en révolte. Il est en révolte précisément contre° son école, contre sa famille, contre la religion . . . En somme, contre la société. Pourquoi? Parce que, pour lui, cette société l'empêche° de réaliser son unique ambition: il veut être poète. Voilà pourquoi il a quitté sa famille, ses amis, la ville où il habite. Il a décidé d'aller à Paris, pour être libre.° Il a pris son cahier de poèmes avec lui. Ce sont ces poèmes que les policiers ont trouvés et n'ont pas compris.

train station

ticket; exit

filled
Suspicious

comes
wealthy

However

against

prevents

free

93

Sorti de prison, Arthur Rimbaud rentre chez lui, mais il n'abandonne pas ses projets.° Il correspond avec d'autres poètes. Il leur rend visite. Il voyage. Et surtout, il écrit . . . À dix-huit ans, c'est le plus grand poète de sa génération. La révolte d'Arthur Rimbaud est une révolte constructive. *plans*

Brusquement,° à dix-neuf ans, Arthur Rimbaud abandonne la poésie. Il s'embarquera dans° de nouvelles aventures exceptionnelles. Il traversera l'Europe . . . à pied. Il ira en Afrique et en Asie. Il sera soldat,° déserteur, voyageur, marchand, explorateur, photographe, trafiquant° d'armes, mais il n'écrira jamais plus de poèmes. Sa carrière littéraire est bien finie. Pourtant, aujourd'hui, Rimbaud est toujours considéré comme l'un des plus grands poètes français. *Abruptly / will embark on / soldier / illegal trader*

AVEZ-VOUS COMPRIS ?

Complétez les définitions suivantes avec des mots du texte que vous avez lu. Ensuite, mettez les lettres numérotées dans les cases correspondantes de la grille. Vous découvrirez le nom du plus célèbre poème d'Arthur Rimbaud.

1. Une personne qui n'a pas de résidence fixe est un __ __ __ __ __ __ __ .

               4   3

2. Le contraire de *faux* est __ __ __ __ .

   10

3. Le contraire de *l'entrée* est la __ __ __ __ __ __ .

           5 9

4. Un groupe de mots qui constitue un ensemble logique est une __ __ __ __ __ __ .

    11   2

5. Une personne qui voyage est un __ __ __ __ __ __ __ __ .

              8

6. Un homme qui fait son service militaire est un __ __ __ __ __ __ .

       1   7

7. Sept jours constituent une __ __ __ __ __ __ __ .

   12   6

Un poème d'Arthur Rimbaud:

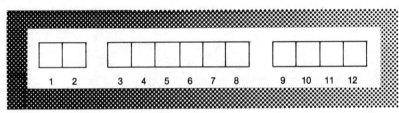

Le bateau ivre

Comme je descendais des Fleuves impassibles
Je ne me sentis plus guidé par les haleurs:
Des Peaux-Rouges criards les avaient pris pour cibles,
Les ayant cloués nus aux poteaux de couleurs.

J'étais insoucieux de tous les équipages,
Porteur de blés flamands ou de cotons anglais.
Quand avec mes haleurs ont fini ces tapages,
Les Fleuves m'ont laissé descendre où je voulais

Un garçon en révolte **95**

Un voyage en train

Lisez les phrases suivantes en faisant attention aux mots en caractères gras.

Avant le voyage, on achète un **billet** *(ticket)* au **guichet** *(ticket window)*. On peut prendre un **aller simple** *(one-way ticket)* ou un **aller et retour** *(round-trip ticket)*. Un voyageur a généralement des **bagages** *(luggage)*. Les **valises** *(suitcases)* sont des bagages. Quand on a des valises lourdes *(heavy)*, on peut appeler un **porteur.**

Le train arrive sur le **quai** *(platform)*. Un train est composé d'une **locomotive** et de plusieurs **wagons** *(cars)*. En France, il y a des **wagons de première classe** et des **wagons de deuxième classe.** Pour dormir, il y a des **wagons-lits** et pour manger il y a des **wagons-restaurants.**

Au **départ,** on **monte** dans le train. À l'**arrivée,** on **descend** du train. On sort de la **gare** *(station)* par la **sortie** *(exit)*.

ACTIVITÉ 1 Lisez ce que font les personnes suivantes. Dites ce que ces personnes vont faire.

▷ Paul va à la gare.
Il va prendre le train. (Il va attendre des amis qui arrivent de Paris. Etc.)

1. Cécile va au guichet.
2. Philippe a des valises qui sont très lourdes.
3. Gérard va sur le quai.
4. Monique réserve un billet de wagon-lits.
5. Antoine va au wagon-restaurant.
6. Thomas descend du train.

ACTIVITÉ 2

Imaginez que vous allez faire un voyage en train le week-end prochain. Décrivez ce voyage. (Utilisez le futur.)

21 Êtes-vous décontracté(e)?¹

Quelle importance donnez-vous aux petits problèmes de l'existence? Avez-vous tendance à les prendre trop au sérieux? Voici un test simple qui vous permettra d'analyser vos réactions.

1. Vous avez reçu° une mauvaise note° à un examen de français. Vous pensez: *received; grade*
   - A. Le professeur est injuste.
   - B. La prochaine fois,° je travaillerai un peu plus.   *time*
   - C. Jamais, je ne serai capable de parler français.

2. Vous avez rendez-vous devant un cinéma avec un ami. C'est vous qui avez les billets. À l'heure où commence le film, votre ami n'est pas là. Vous pensez:
   - A. Tant pis° pour lui! Je vais voir le film sans lui.   *Too bad*
   - B. Je vais l'attendre encore cinq minutes.
   - C. Mon Dieu, c'est terrible! Mon ami a eu un accident grave! Qu'est-ce que je dois faire?

---

¹**Décontracté** est un mot utilisé surtout par les jeunes. Il signifie «relaxed», «carefree».

3. Vous avez décidé d'aller à un match de football avec des amis. Quand vous arrivez devant le stade, vous constatez° que vous n'avez pas d'argent. Vous pensez:

    A. Je vais passer par-dessus° la barrière quand les gardiens ne me verront pas.

    B. Je vais emprunter de l'argent à mes amis.

    C. Tant pis! Je vais rentrer chez moi sans voir le match.

realize

over

4. Vous venez d'avoir une querelle assez sérieuse avec votre meilleur(e) ami(e). Vous pensez:

    A. Mon ami(e) a tort une fois de plus.°

    B. Nous nous réconcilierons dans un jour ou deux.

    C. C'est fini entre nous!

once more

5. Vous avez besoin d'un livre pour faire un devoir. Quand vous voulez chercher ce livre à la bibliothèque de la ville, vous constatez que vous avez perdu votre carte de bibliothèque. Vous pensez:

    A. Je vais prendre le livre quand personne ne me regardera.

    B. Je vais lire le livre à la bibliothèque.

    C. Je suis un idiot! Je perds toujours tout. Je ne réussirai jamais dans l'existence.

6. Un ami vous a invité(e) pour son anniversaire et vous avez accepté l'invitation. Mais le jour de l'anniversaire, vous allez à la campagne avec vos parents et vous oubliez° complètement l'anniversaire de cet ami. Vous pensez:

    A. Après tout, ce n'est pas mon meilleur ami.

    B. Je vais lui téléphoner pour m'excuser.

    C. J'ai maintenant un ennemi supplémentaire°!

forget

additional

Maintenant analysez vos réponses.

Si vous avez répondu 4 fois A, vous êtes décontracté(e), mais vous n'avez pas le sens des responsabilités. Vous aurez des problèmes avec vos amis et vos supérieurs.

Si vous avez répondu 4 fois B, c'est bien. Vous êtes optimiste! Vous réussirez dans l'existence.

Si vous avez répondu 4 fois C, vous êtes terriblement pessimiste. Ne prenez pas tout au tragique!

Quelques attitudes et quelques émotions

avoir confiance (en)   *to trust*
Il faut **avoir confiance en** ses amis.

avoir peur (de)   *to be afraid (of)*
Les gens superstitieux **ont peur de** voyager le vendredi 13.

être optimiste / pessimiste
Quand on **est optimiste,** on a confiance en l'avenir. Quand on **est pessimiste,** on a peur de l'avenir.

être décontracté(e) / inquiet (inquiète)   *to be relaxed / worried*
Quand on **est** trop **décontracté,** on ne prend rien au sérieux.
Les gens nerveux **sont** souvent **inquiets.**

être sensible / insensible   *to be sensitive / insensitive*
Les artistes **sont** généralement des gens **sensibles.**
Personne n'**est insensible** à l'injustice.

être calme / en colère   *to be calm / angry*
Les gens **calmes** détestent les disputes.
Quand on **est en colère,** on agit *(acts)* souvent irrationnellement.

être juste / injuste   *to be fair / unfair*
Il faut être juste avec tout le monde.
Les gens injustes n'ont pas beaucoup d'amis.

ACTIVITÉ   Décrivez votre personnalité en un paragraphe de 10 à 12 lignes où vous utiliserez les expressions ci-dessus.

22 La première poste aérienne

Introduction

—Savez-vous que la première poste aérienne° a plus de cent ans?   *air mail*

—Plus de cent ans? C'est impossible!

—Et pourquoi?

—Mais voyons! C'est en 1903 que les frères Wright ont inventé l'avion!

—Et alors?

—La poste aérienne n'a pas pu exister avant cette invention!

—Mais si! . . . La poste aérienne est née exactement le 23 septembre 1870. Son existence a commencé à Paris dans des circonstances assez dramatiques. Tenez°! Je vais vous raconter . . .   *Listen!*

Premier épisode: Le siège de Paris

Nous sommes à Paris en 1870. Au mois de juillet de cette année, la France a déclaré la guerre° à la Prusse, le plus grand état allemand. Malheureusement, les armées françaises ne sont pas prêtes° pour cette guerre. En août, les Prussiens ont pénétré en Alsace. En septembre, ils commencent leur marche sur Paris.

Le 19 septembre, Paris est complètement encerclé. Deux millions de personnes sont isolées du reste du monde. Un long siège commence. Ce jour-là, les membres du gouvernement sont réunis.° Un ministre déclare:

—Si nous voulons continuer le combat, il faut que nous° maintenions° le contact avec nos armées de province.

war

ready

met

We must

maintain

—J'ai peur° que ce soit° impossible, Monsieur le Ministre. *am afraid; is*
Les communications avec la province sont coupées.° *cut*

—Le chemin de fer°? *railroad*

—Le dernier train est parti ce matin.

—Les bateaux sur la Seine?

—Ils ne passent plus.

—Le télégraphe?

—Il a été coupé.

—Les routes°? *roads*

—La ville est entièrement encerclée par les Prussiens.
La consternation est générale. Le Ministre de l'Intérieur prend la
parole°: *speaks next*

—Je connais une solution. Elle a ses risques. Il n'est pas sûr
qu'elle réussisse. Mais il faut que nous l'essayions° . . . *we have to try it*

—Quelle est cette solution?

—Expédions° le courrier° par ballon°! *Let's send; mail; balloon*

—Par ballon? C'est ça, votre solution?

—Monsieur, aujourd'hui je crains° que nous n'ayons° plus *fear; have*
le choix°! *choice*

Indiquez si les phrases suivantes sont vraies ou fausses.
Si elles sont fausses, expliquez pourquoi.

vrai / faux

1. Les frères Wright ont inventé l'avion.
2. La poste aérienne a commencé avec l'invention de l'avion.
3. En 1870, la France et la Prusse étaient les pays amis.
4. Pendant la guerre de 1870, les armées prussiennes ont
   occupé le territoire français.
5. Le 19 septembre 1870, les membres du Gouvernement
   français ont décidé de capituler *(surrender)*.
6. La Seine est la rivière qui passe à Paris.
7. En 1870, les trains n'existaient pas.
8. Le Ministre de l'Intérieur propose d'attaquer les Prussiens.

Deuxième épisode: Le courrier passe

En tout, il y a sept ballons à Paris. Ce sont des vieux ballons, utilisés avant la guerre dans les fêtes foraines°! Le 22 septembre, le Ministre de l'Intérieur convoque° tous les aéronautes professionnels.

—Messieurs! Si nous voulons continuer le combat, il faut que le gouvernement rétablisse° immédiatement le contact avec la province. Seuls° vos ballons peuvent accomplir cela. Je ne vous cache° pas que cette sorte de mission est extrêmement dangereuse. Il est possible qu'il y ait° des victimes . . . Y a-t-il des volontaires?»

Jules Duruof, un jeune homme de 28 ans, offre immédiatement ses services. C'est un aéronaute expérimenté.° Il possède° l'un des sept ballons de Paris, le «Neptune».

—Monsieur le Ministre, je partirai demain.

Jules Duruof passe le reste de la journée à préparer le «Neptune» pour le voyage.

Le lendemain,° à six heures du matin, tout est prêt. C'est une belle journée, sans nuage.° Au loin,° on entend les canons prussiens. Le Ministre arrive avec les dépêches° officielles.

—Voici le courrier du Gouvernement. Il faut que vous le remettiez° en personne au général commandant nos armées de province. Si vous tombez aux mains des Prussiens, détruisez° tout.

Le «Neptune» est parti à 7 heures 30. Il emporte° les voeux° de deux millions de Parisiens. Jules Duruof passe au-dessus°

fairs

calls together

reestablish

only

hide from you

there might be

experienced; has

next day

cloud; In the distance

mail

give

destroy

carries; good wishes

over

des lignes ennemies. Avec son téléscope, il examine attentivement la cavalerie prussienne. Plus tard, il fera un rapport° sur les déplacements de l'ennemi. Les Prussiens tirent sur° lui. Il leur répond avec humour. Il leur envoie° 5.000 cartes de visite à son nom: Jules Duruof, aéronaute au service de la France.

report
shoot at
drops

Il est maintenant au-dessus de la campagne normande.° Les Prussiens ont disparu.° Il commence à descendre. À onze heures du matin, il arrive à Evreux, à 70 kilomètres de Paris. Il prend immédiatement le train pour Tours, où il délivre le courrier officiel. La première liaison° postale aérienne vient de réussir.

of Normandy
have disappeared
link

Après ce succès, le Ministre de l'Intérieur ordonne° la construction de nouveaux ballons. Pendant le siège de Paris, qui a duré° quatre mois, 65 ballons ont été lancés.° Ces ballons ont transporté dix tonnes de courrier. Ils ont maintenu le contact entre Paris et la province. Gambetta, un des grands hommes politiques du dix-neuvième siècle,° a utilisé un ballon pour aller organiser la résistance en province.

orders
lasted; launched
century

Il y a eu hélas° plusieurs tragédies. Les Prussiens ont abattu° deux ballons et deux autres ballons se sont perdus en mer avec leurs équipages.°

unfortunately
shot down
crews

C'est de cette époque° que date le premier record de distance. Un des ballons est allé jusqu'en Norvège,° à plus de mille kilomètres de Paris.

period
Norway

AVEZ-VOUS COMPRIS ?

Indiquez si les phrases suivantes sont vraies ou fausses. Si elles sont fausses, expliquez pourquoi.

vrai / faux

1. Le transport en ballon est la seule solution pour communiquer avec le reste du pays.
2. Le Ministre explique franchement *(frankly)* les dangers de la mission.
3. «Neptune» est le nom d'un aéronaute.
4. Jules Duruof est volontaire pour la mission.
5. Le 23 septembre, il fait beau.
6. Les Prussiens abattent le «Neptune».
7. Jules Duruof envoie ses cartes de visite à ses amis parisiens.
8. Jules Duruof réussit sa mission.
9. Il accomplit 65 autres missions.
10. Toutes les missions ont réussi.

Les communications

Lisez les phrases suivantes en faisant attention aux mots en caractères gras.

Les communications sont l'ensemble des **moyens** *(means)* qui permettent de communiquer avec les gens. La **poste** *(postal service)*, le **télégraphe**, le **téléphone** sont des moyens de communication.

On peut envoyer une lettre à quelqu'un. L'ensemble des lettres constitue le **courrier** *(mail)*. C'est le **facteur** *(mailman)* qui délivre le courrier. On peut aussi envoyer un **télégramme.**

Aujourd'hui, la majorité des gens utilisent le téléphone. Pour téléphoner à quelqu'un, on doit connaître son **numéro de téléphone.** Si on ne connaît pas ce numéro, on le cherche dans l'**annuaire** *(phone directory)*. Ensuite on **compose** *(dials)* le numéro de cette personne. On obtient la communication si la ligne est **libre** *(free)*. Si la ligne est **occupée** *(busy)*, il faut attendre. On **décroche** *(picks up)* le **récepteur** *(receiver)* quand on entend la **sonnerie** *(ring)* du téléphone. On **raccroche** *(hangs up)* quand la communication téléphonique est terminée.

Tous les Français n'ont pas le téléphone. Ceux qui n'ont pas le téléphone utilisent une **cabine téléphonique** *(phone booth)*.

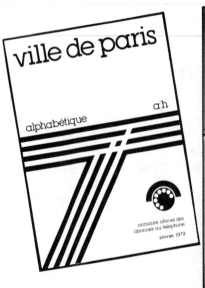

ACTIVITÉ

Quand une personne à Québec veut trouver le nom d'une entreprise, elle consulte les *Pages jaunes.* Si vous voulez savoir comment les Parisiens appellent l'annuaire équivalent, complétez les phrases suivantes. Ensuite, mettez les lettres entourées d'un cercle dans leur case respective.

1. Si vous téléphonez à un ami et vous entendez le téléphone qui sonne *(rings),* vous savez que la ligne est ◯_ _ _ _ .

2. Quand votre ami entend le téléphone, il _ _ _ _ _ _ _◯ le récepteur.

3. Si vous n'avez pas le téléphone à la maison, vous pouvez téléphoner d'une _ _◯_ _ _ téléphonique.

4. Quand quelqu'un utilise le téléphone, on dit que sa ligne est ◯_ _ _ _ _ _ .

5. Si vous devez envoyer un message à quelqu'un qui habite très loin, un ◯_ _ _ _ _ _ _ _ _ est plus rapide qu'une lettre.

6. Quand vous êtes au téléphone, vous mettez le _ _ _ _ _◯_ _ _ près de votre oreille.

7. Tous les jours le facteur distribue le _ _ _ _ _◯_ _ .

8. Vous savez que quelqu'un veut vous parler au téléphone quand vous entendez la _ _ _◯_ _ _ _ .

L'annuaire parisien s'appelle:

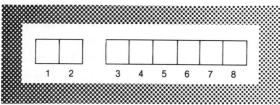

23

Halte
aux calories!

Hésitez-vous avant de vous regarder dans une glace°?   *mirror*
Avez-vous un peu d'appréhension en montant sur une bascule°?   *scale*
Vous ne seriez pas les seuls°! Un sondage° récent indique que le   *only ones; poll*
tiers° des Français estiment° qu'ils sont trop gros. Près de vingt   *one-third; consider*
pour cent (20%) des personnes interviewées ont déclaré qu'elles
limitaient leur repas. Trois pour cent (3%) ont dit qu'elles
suivaient° un régime° très strict.   *followed; diet*

L'excès peut évidemment° être médicalement très dange-   *of course*
reux. Mais doit-on nécessairement choisir entre l'élégance et la
santé°? Pas forcément°! On peut garder° cette fameuse ligne°   *health; necessarily; keep; figure*
sans grand risque médical. Quatre jeunes Français (deux filles et
deux garçons) qui ont résolu° le problème des calories vous   *solved*
livrent° leur secret.   *reveal*

Isabelle (18 ans):

Mon secret est la modération. Au petit déjeuner, un toast et une tasse de café. Au déjeuner, deux oeufs durs° (pour calmer la faim), une salade et le jus d'un citron° (pour les vitamines). Au dîner, je mange normalement. Je reste en parfaite santé tout en conservant ma ligne.

hard-boiled

lemon

Françoise (17 ans):

Heureusement, je n'ai pas de grand problème. Je dois cependant° contrôler régulièrement mon poids.° Tous les mois, je mets mon maillot de bain et je me regarde dans la glace en pensant aux vacances et aux garçons qui seront à la plage. C'est une arme psychologique très efficace.° Si j'ai grossi, je perds le kilo superflu° dans la semaine qui vient.

nevertheless; weight

effective

extra

Jean-Claude (16 ans):

Pour moi, la solution la plus intelligente, c'est l'exercice physique que je combine avec mes activités de la journée. Je vais à pied au lycée. (Le lycée est situé à 2 kilomètres de chez moi!) Je ne prends jamais l'ascenseur.° (J'habite au sixième étage.°) Je ne prends jamais le bus pour faire les courses . . . Je mange normalement et je n'ai pas de problème de poids!

elevator

floor

Henri (18 ans):

J'ai tendance à grossir. J'ai donc° décidé de supprimer° le déjeuner. À midi, au lieu d'°aller au restaurant, je vais dans les magasins, surtout les magasins de disques. En écoutant de la musique, j'oublie° que j'ai faim.

therefore; to cut out

instead of

forget

Et maintenant, quelques questions personnelles:
- Pensez-vous qu'un garçon élégant doive être mince°?
- Pensez-vous qu'une fille élégante doive être mince?
- Suivez-vous un régime?
- Selon vous,° quelle est la meilleure méthode de maigrir?

slim

In your opinion

AVEZ-VOUS COMPRIS ? Pour indiquer si vous avez compris, répondez aux questions suivantes. Ces questions concernent les quatre personnes interviewées: Isabelle, Françoise, Jean-Claude et Henri. Attention, pour certaines questions plusieurs réponses sont possibles.

1. Qui surveille *(watches)* sa ligne?
2. Qui fait de l'exercice?
3. Qui utilise la psychologie?
4. Qui aime la musique?
5. Qui mange normalement?
6. Qui supprime certains repas?
7. Qui suit *(follows)* un régime alimentaire précis?

Poids et mesures

La silhouette *(figure)* **et la ligne** *(waistline)*

On peut être:

mince *slim*   **élancé(e)** *slender*

maigre *skinny*   **gros(se)** *fat*

Une personne qui **garde la ligne** est une personne qui reste mince.
Une personne qui **surveille sa ligne** veut rester mince.

Le poids *(weight)*

peser *(to weigh)*

Paul **pèse** 76 kilos. Anne **pèse** 52 kilos.

se peser *(to weigh oneself)*

On **se pèse** sur une **bascule** *(scale)*.

➤ Dans le système métrique, un kilo = deux livres (2,2 livres américaines).

La taille *(height)*
  mesurer *(to be . . . tall)*
    Henri **mesure** 1 mètre 80. Jacqueline **mesure** 1 mètre 60.

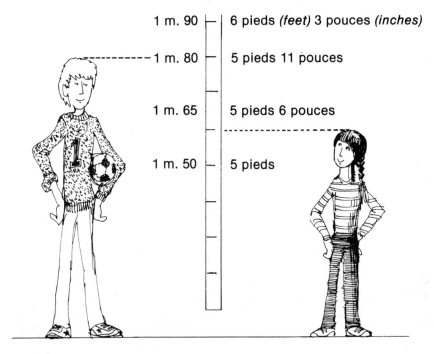

1 m. 90	6 pieds *(feet)* 3 pouces *(inches)*
1 m. 80	5 pieds 11 pouces
1 m. 65	5 pieds 6 pouces
1 m. 50	5 pieds

Le régime *(diet)*
  suivre un régime *(to be on a diet)*
    Michèle **suit un régime** très strict.

  maigrir *(to lose weight, to get thin)*
    Pour **maigrir** il faut manger moins.

  grossir *(to gain weight, to get fat)*
    Marc **grossit** parce qu'il mange trop.

ACTIVITÉ 1 Est-ce que vous suivez un régime? Décrivez ce régime.

ACTIVITÉ 2 Décrivez l'apparence physique des personnes suivantes.

1. votre meilleur ami
2. votre meilleure amie
3. un joueur de basketball que vous connaissez
4. un joueur de football que vous connaissez
5. une joueuse de tennis que vous connaissez
6. King Kong
7. Wonder Woman

24

Les cartes postales

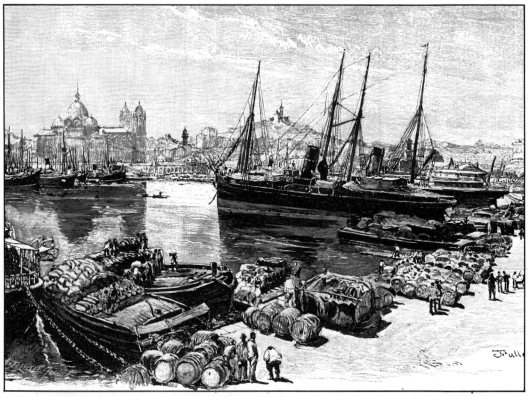

Le port de Marseille

L'histoire que vous allez lire raconte une invention toute° *very*
simple: celle des cartes postales. C'est aussi l'histoire d'une
longue amitié.° Cette histoire commence à Marseille vers 1870. *friendship*
À cette époque°-là, Marseille était une ville aussi pittoresque et *time*
aussi animée qu'aujourd'hui. Le quartier° le plus animé était le *district*
port. Chaque° jour des bateaux venaient de pays lointains° et *Each; distant*
mystérieux. C'était ces bateaux qu'André et Dominique, deux
garçons de la ville, venaient souvent regarder le dimanche.
André et Dominique étaient deux amis inséparables. Quand ils

n'étaient pas en classe, ils allaient ensemble explorer la ville: les quartier anciens, les quartiers modernes, la Canebière[1] et surtout le port.

En regardant les bateaux, André rêvait.° Un jour peut-être il partirait aussi pour un pays lointain . . . Mais pour l'instant, il devait d'abord° penser à ses études.° *dreamed / first; studies*

Puis les années avaient passé. Les deux garçons avaient maintenant terminé° leurs études. Dominique avait trouvé un emploi° à Marseille. André, lui, n'avait pas oublié° ses rêves de jeunesse. Il avait décidé de partir et il était parti pour l'Amérique du Sud, où il avait acheté un ranch. *finished / job; forgotten*

Les deux amis étaient maintenant séparés. Bien sûr ils s'écrivaient souvent. Mais les lettres ne remplacent pas tout à fait° la présence et André commençait à regretter° son pays natal. Il voulait maintenant revoir Marseille, mais il ne pouvait pas quitter son ranch. Alors, il avait demandé à son ami de lui envoyer° des «vues photographiques» de la ville, comme on appelait les photos à ce moment-là. *completely; to miss / to send*

Des photos! Ce n'est pas une demande extraordinaire, pensez-vous. Oui, mais n'oubliez pas que l'histoire se passe à la fin° du siècle° dernier. La photo était un luxe qui coûtait très cher. Pourtant,° Dominique avait immédiatement répondu au désir de son ami. Il était allé chez un photographe professionnel à qui il avait commandé une dizaine° de photos du Vieux Port. André avait été évidemment° très heureux de voir ces photos qui lui rappelaient° sa jeunesse° et ses expéditions avec Dominique. Bientôt° il avait demandé d'autres photos, beaucoup d'autres photos à son ami. *end; century / Nevertheless / ten / of course / recalled; youth / Soon*

Cette nouvelle requête° avait consterné Dominique. Celui-ci en effet° n'était pas riche. Le coût des photos était simplement trop élevé° pour son modeste budget. Mais d'un autre côté,° il ne pouvait rien refuser à son meilleur ami. Soudain Dominique avait eu une idée géniale.° *request / indeed / high; on the other hand / ingenious*

«Ce qui coûte cher, c'est de faire des photos différentes. Mais, si pour chaque photo, je faisais cent exemplaires° au lieu d'°un seul! Cela ne coûterait pas beaucoup plus cher. J'en enverrais° un exemplaire à André et je revendrais° les autres! Et pourquoi ne pas utiliser le dos de la photo pour la correspondance?!» *copies / instead of / would send; would sell*

[1]La Canebière est une avenue très célèbre de Marseille.

Dominique venait d'inventer la carte postale, ou comme on disait alors, la «carte-correspondance-illustrée». Il avait aussi acquis° un nouveau métier: celui de marchand de cartes postales. Il avait acheté un appareil-photo et c'était lui qui faisait des cartes postales de Marseille, de Nîmes, d'Avignon, d'Aix . . .

acquired

L'invention de Dominique était originale et profitable. Elle allait être adoptée par des industriels beaucoup plus riches que lui. Bientôt les cartes postales reproduisaient les paysages° de France, d'Italie, d'Angleterre, du monde entier.

landscapes

Dominique, lui, était un homme simple. Il n'avait pas voulu lutter° contre les industriels qui utilisaient son invention et faisaient fortune avec son idée. En philosophe,° il s'était retiré° dans une petite maison près de Marseille. De là, il continuait à écrire à son ami et André, dans son ranch argentin, recréait toutes les images de son enfance.°

to fight

philosophically; withdrew

childhood

AVEZ-VOUS COMPRIS ?

Savez-vous dans quelle région de France est situé Marseille? Pour trouver cette région, faites les mots croisés suivants. Pour cela, écrivez les mots correspondant aux définitions. Tous ces mots sont dans le texte que vous avez lu. Quand vous aurez fini, vous pourrez lire le nom de cette région verticalement.

1. Un quartier très animé à Marseille
2. L'un des amis
3. Ce que Dominique envoyait à son ami (au singulier)
4. Marseille est une _____.
5. Le contraire de *pauvre*
6. Le contraire de *vieux*
7. 100
8. Une ville de France

266. 'En Auvergne — CANTAL - SÉRIERS-EN-PLANÈZE - L'Église

La photo et le cinéma

Photo

la photographie = l'art ou la science de faire des photos
   La photographie a été inventée par Niepce en 1822.

la photo = la photographie
   J'aime **la photo.**
   Je **fais de la photo.**

une photo = une image photographique
   une photo **en noir et blanc**
   une photo **en couleurs**

prendre une photo
   prendre quelqu'un en photo   Paul **a pris Marie en photo.**
photographier   Il **a photographié** un monument.
développer une photo

un appareil-photo

le déclic   le viseur

l'objectif (m.)   le flash

une pellicule   On met **la pellicule** dans l'appareil-photo.

un négatif

une diapositive = **une diapo** (slide)

Cinéma

une caméra = un appareil pour prendre des films

un film (movie)

filmer   On **filme** une personne, une scène, un événement.

ACTIVITÉ

1. Aimez-vous la photo?
2. Avez-vous un appareil-photo? De quelle marque (brand)?
3. Faites-vous de la photo?
4. Quels sont vos sujets favoris?
5. Préférez-vous la photo en couleurs ou la photo en noir et blanc?
6. Prenez-vous des diapos?
7. Avez-vous un album de photos?
8. Avez-vous une caméra?
9. Savez-vous développer une pellicule?

Vive le camping!

25

Où loger pendant les vacanes? À l'hôtel? C'est cher. Chez des amis? Il faut être invité! Chez soi°? Tout le monde n'a pas une maison à la campagne ou une villa à la mer.° Heureusement il y a une autre solution, à la fois° plus économique et plus indépendante: le camping.

In one's own home?
sea
both

Les formules varient. On peut choisir entre la tente et la caravane,° entre le camping «sauvage°» et le terrain aménagé° . . . Quelle que soit° la formule, un fait° est certain: Aujourd'hui le camping est de plus en plus° populaire en France. Chaque année, cinq millions de Français choisissent cette façon de passer les vacances. Mais si le camping a ses adeptes,° il a aussi ses critiques. Nous avons demandé à plusieurs° jeunes Français de nous donner leur opinion. Les voici:

trailer; wilderness; planned campground
Whatever; fact
more and more

devotees

several

Pour

Christophe Legrand:

Le camping correspond à mon tempérament indépendant. Quand je n'aime pas un endroit,° je veux pouvoir en choisir un autre. Pour moi, le camping, c'est la liberté.

place

Charlotte Morin:

Pour apprécier la nature, il faut vivre° avec elle. Pour moi, la nature, ce n'est pas un coucher de soleil° que l'on contemple derrière la fenêtre d'un hôtel . . . C'est la possibilité de me laver chaque matin dans l'eau fraîche° d'une rivière.

live

sunset

cool, fresh

Yves Bertrand:

Aujourd'hui, nous sommes trop habitués° au confort. Je ne suis pas contre° le confort! Au contraire! Mais pour pouvoir l'apprécier, il faut pouvoir s'en passer° de temps en temps.° Voilà pourquoi je pars en camping chaque année. L'exercice, la vie au grand air,° cela n'a jamais tué° personne!

accustomed

against

to do without; from time to time

outdoors; killed

Laure Pucheu:

J'habite à Paris. Je vis° donc avec cinq millions de personnes. De temps en temps, j'ai besoin de solitude. Pour savoir qui je suis! . . . Voilà pourquoi je pratique le camping sauvage. Évidemment° il y a des risques. Celui, par exemple, d'être réveillée° à quatre heures du matin par un fermier° irascible ou une vache° vagabonde. Mais les avantages compensent de beaucoup les inconvénients!

live

Of course

awakened

farmer; cow

Contre

Marc Laforêt:

Le contact avec la nature, oui! La compagnie des mous-tiques,° non!

mosquitoes

Joséphine Barbière:

Le camping est dangereux. J'ai un copain qui était un fana° de camping. Eh bien,° l'année dernière il a été attaqué en pleine nuit° par une bande de jeunes du village où il campait . . .

fan
Well
in the middle of the night

Jean-Jacques Albert:

Les campeurs prétendent communier avec la nature. En réalité ils la détruisent.° Pour moi, il n'y a rien de moins esthétique qu'une tente près d'une rivière. Et je ne parle pas des vieux papiers et des bouteilles vides° que les campeurs laissent° derrière eux! Le camping devrait être interdit°!

destroy

empty
leave; forbidden

Sylvaine Thomas:

La solitude? L'isolement? Regardez ces terrains de camping aujourd'hui! Cinq cents tentes sur 2.000 mètres carrés.° Et les transistors qui hurlent,° le bruit° des voitures, les cris d'enfants, les disputes des parents . . . Est-ce que c'est ça, les joies du camping?

square
howl; noise

AVEZ-VOUS COMPRIS ?

Certaines opinions ont été exprimées *(expressed)* dans le texte que vous avez lu. Dites si oui ou non vous êtes d'accord avec les opinions suivantes.

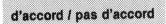

d'accord / pas d'accord

1. Le camping est économique.
2. Le camping permet de communiquer avec la nature.
3. Le camping est une cause importante de pollution.
4. Le camping sauvage est préférable au camping organisé.
5. Quand on fait du camping sauvage on prend des risques inutiles *(unnecessary)*.
6. Le camping permet à l'individu de s'isoler et de se retrouver *(find oneself)*.
7. Les dangers du camping sont minimes.
8. Les gens qui aiment le confort en général n'aiment pas le camping.
9. Le bruit est une forme de pollution.

La nature

Le relief

une montagne	*mountain*
une colline	*hill*
un rocher	*rock, boulder*

La campagne *(countryside)*

une prairie	*meadow*
une forêt	*forest, woods*
un champ	*field*
un parc naturel	
un bois	*wood(s)*

La terre *(land, earth)*

le sol	*ground*	**une pierre**	*stone*
une fleur	*flower*	**l'herbe** *(f.)*	*grass*
un arbre	*tree*		

L'eau

un lac	*lake*	**un étang**	*pond*
un fleuve	*(large) river*	**une rivière**	*river*
un ruisseau	*brook*		
la plage	*beach*	**le sable**	*sand*

ACTIVITÉ 1 Avez-vous fait du camping? Décrivez cette expérience: où, quand, avec qui. Décrivez les avantages et les inconvénients du camping.

ACTIVITÉ 2 Décrivez l'environnement naturel dans la région où vous habitez.

ACTIVITÉ 3 Vous cherchez un endroit pour les activités suivantes. Décrivez l'endroit idéal . . .

1. pour faire du camping
2. pour faire un pique-nique
3. pour faire une promenade

Les réponses correctes

Les réponses correctes

Lecture 1 **Activité 3**
1. Elle est serveuse. 2. Il est pâtissier. 3. Elle est coiffeuse. 4. Elle est boulangère. 5. Il est plombier. 6. Il est pharmacien. 7. Elle est écrivain. 8. Elle est comptable. 9. Elle est médecin (infirmière). 10. Elle est cadre.

Lecture 2 **Avez-vous compris?**
1. aveugle; 2. exposition; 3. métal; 4. bois; 5. marbre; 6. contempler; 7. admirer; 8. découvrir; 9. enfant; Président de la France
Activité 1
1. regarde; 2. assister à; 3. observer; 4. examinent; 5. aperçois

Lecture 3 **Avez-vous compris?**
1. lignes; 2. main; 3. vie; 4. gauche; 5. un; 6. étroit; 7. court; l'avenir
Activité 1
1. manufacture; 2. maniez (manipulez); 3. manucure; 4. manuel; 5. manoeuvre; 6. manuscrits
Activité 2
1. Haut les mains! 2. me donner un coup de main; 3. prendre en main; tu as les mains libres; 4. mets la main

Lecture 4 **Activité**
1. sort; 2. quitte; 3. part; 4. sort; 5. sort; 6. part; 7. quitte; 8. part

Lecture 5 **Activité 1**
1. coupe; 2. mélange; 3. verse; 4. ajouter; 5. remuez; 6. fait bouillir; 7. fait cuire; 8. fais refroidir

Lecture 6 **Avez-vous compris?**
1. chien; 2. cheval; 3. loir; 4. loup; 5. boeuf; carpe
Activité 1
1. un appétit d'oiseau; 2. une faim de loup; 3. un caractère de chien; 4. une poule mouillée

Lecture 7 **Activité 1**
1. s'amuse; 2. s'impatiente; 3. s'embête; 4. se fatigue

Lecture 9 **Activité**
1. guidon; 2. selle; 3. pédales; 4. freins; 5. pneus; 6. porte-bagages; 7. phare; 8. roues, roues

Lecture 12 **Avez-vous compris?**
1. Louis XVI; 2. le comte de Rochambeau; 3. Washington; 4. Benjamin Franklin; 5. LaFayette; 6. Cornwallis; 7. Trumbull; 8. de Grasse
Activité
1. guerre; 2. alliés; 3. combattu; 4. soldats; 5. navy; 6. se battre; 7. défaite; LaFayette, nous voilà!

Lecture 15 **Avez-vous compris?**
1. vendredi; 2. bonheur; 3. Égyptiens; 4. gauche; 5. araignée; 6. allumette; 7. sel; voyante

Lecture 16   **Avez-vous compris?**

1. Louis; 2. Napoléon; 3. vertical; 4. roi; 5. Paris; 6. blanc; 7. rouge;
8. bleu; 9. losange; 10. régiment; 11. aigle; le tricolore

Activité 1

1. Elle va rejouer au tennis demain. 2. Elle va relire le journal demain.
3. Elle va reprendre des photos demain. 4. Elle va redîner en ville
demain. 5. Elle va reparler à ses amis demain. 6. Elle va revisiter un
musée demain.

Lecture 18   **Activité**

1. musée; 2. portrait; 3. potier; 4. pinceau; 5. bois; 6. dessinateur;
7. ébéniste; Matisse

Lecture 20   **Avez-vous compris?**

1. vagabond; 2. vrai; 3. sortie; 4. phrase; 5. voyageur; 6. soldat;
7. semaine; «Le Bateau ivre»

Lecture 22   **Activité**

1. libre; 2. décroche; 3. cabine; 4. occupée; 5. télégramme; 6. récepteur;
7. courrier; 8. sonnerie; le bottin

Lecture 23   **Avez-vous compris?**

1. Isabelle, Françoise, Jean-Claude, Henri; 2. Jean-Claude; 3. Françoise,
Henri; 4. Henri; 5. Jean-Claude; 6. Henri; 7. Isabelle

Lecture 24   **Avez-vous compris?**

1. port; 2. André; 3. photo; 4. ville; 5. riche; 6. nouveau; 7. cent; 8. Nîmes;
Provence

Vocabulaire français-anglais

Vocabulaire français-anglais

This vocabulary contains all the words that appear in *Panorama* except obvious cognates and high-frequency items taught early in most elementary high-school French courses. Verbs are listed in the infinitive form.

The following abbreviations are used: *m.* masculine; *f.* feminine; *pl.* plural; *p. part.* past participle.

a

abattre to knock down; to shoot down
une **abeille** bee
abord: d'abord first
abstrait abstract
un **accélérateur** accelerator
accélérer to accelerate, to go faster
l' **acier** *m.* steel
acquérir to acquire
acquis (*p. part. of* **acquérir**)
actuel (actuelle) present
actuellement at present
un **adepte** devotee
admirer to admire
l' **adresse** *f.* address; skill
un **adversaire, une adversaire** opponent
les **affaires** *f. pl.* business
l' **âge** *m.: de tout âge* of all ages
agir to act
un **agriculteur** farmer
un **aigle** eagle
une **aiguille** hand (*of a clock*)
une **aile** wing
ainsi thus
l' **air** *m.: au grand air* outdoors
aisé wealthy
ajouter to add
aller à bicyclette (à vélo) to go by bicycle
un **aller et retour** round-trip ticket
un **aller-simple** one-way ticket
un **allié** ally
allumer to light
une **allumette** match
l' **aluminium** *m.* aluminum
un **amateur** fan
un **amiral** admiral

l' **amitié** *m.* friendship
amoureux (amoureuse) in love
s' **amuser** to have fun
ancien (ancienne) old; former
un **âne** donkey
un **annuaire** telephone directory
l' **Antiquité** *f.* ancient times
apercevoir to see, to catch sight of, to sight
apparaître to appear
un **appareil-photo** still camera
après: d'après according to
une **araignée** spider
un **arbre** tree
un **architecte, une architecte** architect
l' **argent** *m.* silver
une **armée** army   **l'armée de l'air** air force   **l'armée de terre** land forces
arrêter to stop
s' **arrêter** to stop
arrière: à l'arrière in back
une **arrivée** arrival
arriver to arrive; to come
un **article** article
un **artisan** craftsman
un **ascenseur** elevator
une **assiette** plate
assister (à) to see, to witness; to attend, to be present (at)
atteindre to reach
atteint (*p. part of* **atteindre**)
attentivement carefully
atterrir to land
un **atterrissage** landing
aucun any
au-dessus de over
un **auditeur** listener
augmenter to increase
au revoir see you later

un   **auteur** author
    autre: un autre another
    d'autres others
    autrefois in the past
l'   **avenir** *m.* future
un   **aveugle, une aveugle** blind person
un   **avion** airplane   **un avion à
    hélice** propeller plane   **un
    avion à réaction** jet
un   **avocat, une avocate** lawyer
    avoir to have   **avoir confiance
    (en)** to trust   **avoir les mains
    libres** to be completely free
    avoir lieu to take place
    avoir peur (de) to be afraid (of)
    avoir sommeil to be sleepy
    ayons: nous ayons we have

b

des   **bagages** *m. pl.* luggage
une   **balle** ball
un   **ballon** ball; balloon   **un ballon
    de basket** basketball   **un
    ballon de foot** soccer ball
    un ballon de volley volleyball
une   **bande** stripe   **une bande
    dessinée** comic strip, cartoon
un   **banjo** banjo
une   **bascule** scale
le   **baseball** baseball
le   **basket (le basketball)** basketball
une   **bataille** battle
un   **bâtiment** building
un   **bâton** ski pole
une   **batte** bat
une   **batterie** drum set
    battre to beat
se   **battre** to fight
    battu beaten
    beau: il fait beau it's nice weather
    belge Belgian
le   **beurre** butter
une   **bicyclette** bicycle   **aller à
    bicyclette** to go by bicycle
    bien well; very
    bientôt soon
un   **billet** ticket
un   **boeuf** ox
le   **bois** woods; wood

un   **bol** bowl
le   **bonheur** happiness
un   **boucher, une bouchère** butcher
un   **boulanger, une boulangère** baker
une   **boule** ball   **des boules**
    bowling
    bousculer to bump
le   **bout** end
le   **bowling** bowling
    bref (brève) short
    briller to shine
une   **brique** brick
    brisé broken
le   **brouillard** fog
un   **bruit** noise   **faire du bruit** to
    make noise
la   **brume** mist
    brusquement suddenly; abruptly
un   **but** goal   **les buts** goal posts

c

une   **cabine: une cabine de pilotage**
    cockpit   **une cabine
    téléphonique** phone booth
    cacher to hide
un   **cadran** face *(of a clock)*
un   **cadre** executive; frame; setting
    calme calm
une   **caméra** movie camera
la   **campagne** countryside
un   **canard** duck   **il fait un froid de
    canard** to be very cold
un   **canari** canary
    capituler to surrender
un   **capot** car hood
    car because
un   **caractère: en caractères gras**
    boldface type
une   **caravane** trailer
un   **carré** square
    carré square
une   **carrière** career
le   **carton** cardboard
une   **case** box
une   **casserole** pan, pot
un   **cauchemar** nightmare
une   **cause: à cause de** because of
une   **centaine: des centaines** hundreds
    cependant however; nevertheless

un **cercle** circle
c'est-à-dire that is to say
chacun each one; everyone
le **chagrin** sorrow
une **chaîne** chain
la **chaleur** heat
un **champ** field
le **championnat du monde** world
championship
la **chance** luck
le **changement de vitesses** gear
changer; gear shift
changer to change **changer
d'opinion** to change one's mind
changer les vitesses to change
speeds (gears)
une **chanson** song
chanter to sing
un **chanteur, une chanteuse** singer
chaque each
un **charpentier** carpenter
un **chat** cat
le **chaud: il fait chaud** it's hot
(outside)
un **chauffeur de train** engineer
un **chaussure** shoe
un **chef** chief **un chef d'oeuvre**
masterpiece **un chef
d'orchestre** conductor, band
leader
le **chemin de fer** railroad
une **cheminée** mantelpiece; fireplace
chercher to look for
chez soi in one's own home
un **chien** dog **avoir un caractère
de chien** to have a terrible
temper **il fait un temps de
chien** to have awful weather
un **chiffre** number
un **chimiste, une chimiste** chemist
le **chocolat** chocolate **la mousse
au chocolat** chocolate mousse
un **choix** choice
un **chronomètre** stopwatch
le **ciment** cement
circulaire circular, round
circuler to go around
un **citoyen** citizen
un **citron** lemon
une **clarinette** clarinet
une **cocarde** rosette

un **cochon** pig **un cochon d'Inde**
guinea pig
le **coeur** heart **avoir le coeur sur
la main** to be very generous
un **coffre (à bagages)** trunk
un **coiffeur, une coiffeuse** hairdresser
la **colère: en colère** angry **se
mettre en colère** to get angry
une **colline** hill
un **colon** colonist
une **colonne** column
combattre to fight
commencer to begin
commun common; joint
composer to dial
un **comptable, une comptable**
accountant
une **compagnie** company **une
compagnie aérienne** airline
un **concours** competition; competitive
exam
une **conférence** lecture
la **confiance: avoir confiance (en)** to
trust
connaître to know, to enjoy
connu (*p. part. of* **connaître**)
se **consacrer** to devote oneself
constater to realize
la **construction** construction
construire to build
contempler to contemplate; to
gaze at
contenu contained
le **contraire** opposite **au
contraire** on the contrary
contre against
convaincre to convince
convaincu (*p. part. of* **convaincre**)
convenir: qui conviennent that are
appropriate, that fit
convoquer to call together
un **côté** side **d'un autre côté** on
the other hand
le **coton** cotton
un **coucher de soleil** sunset
coupé cut
couper to cut
une **courbe** curved line
courbe curved
un **coureur** racer; runner
courir to run

le **courrier** mail

une **course** race **une course automobile** auto race

court short

un **couteau** knife

une **coutume** custom

le **couvert** place setting

craindre to fear

un **créateur** creator

créer to create

la **crème** cream **la crème Chantilly** whipped cream

une **crevaison: avoir une crevaison** to have a flat tire

une **croix** cross

une **crosse** hockey stick

une **cuillère** spoon **une cuillère à café** teaspoon

le **cuir** leather

un **cuisinier, une cuisinière** cook

une **cuisinière** stove, range

le **cuivre** copper

d

d'abord first

d'après according to

la **date de naissance** birthday

un **débarquement** landing

débarquer to land; to deplane

débattre to debate

se **débattre** to struggle

une **déception** disappointment

un **déclic** shutter button

un **décollage** take-off

décoller to take off

décontracté relaxed, carefree

découvert (*p. part. of* **découvrir**)

une **découverte** discovery

découvrir to discover

décrire to describe

décrocher to pick up *(telephone)*

deçu disappointed

une **déesse** goddess

une **défaite** defeat

un **dentiste, une dentiste** dentist

un **départ** departure

un **département** post-Revolution administrative division of France

une **dépêche** letter; dispatch

déplacer to displace

un **dérailleur** gearshift

descendre (de) to go down; to get off

une **descente** downhill slope

un **désembarquement** deplaning

un **désert: en plein désert** in the middle of the desert

désespérer to despair

un **dessin** drawing

un **dessinateur** designer; illustrator **un dessinateur de mode** fashion designer

dessiner to draw

le **destin** fortune

la **destinée** destiny

la **destitution** removal

détruire to destroy

détruit destroyed

développer une photo to develop a photo

devenir to become

devenu (*p. part. of* **devenir**)

une **diapo, une diapositive** slide

une **difficulté: avoir de difficultés à prendre des decisions** to have difficulty making decisions

un **dindon** turkey

dirigé vers le bas slanted downward

disparaître to disappear

disparu (*p. part. of* **disparaître**)

un **disque** record

une **dizaine** ten

un **doigt** finger

donc therefore

donner un coup de main à quelqu'un to help someone

dormir to sleep **à dormir debout** boring

un **dortoir** dormitory

doucement gently

un **drapeau** flag

droit straight

une **droite** straight line

dur hard **un oeuf dur** hard-boiled egg

durer to last

e

l' **eau** *f.* water
un **ébéniste** cabinetmaker
une **écharpe** scarf
une **échelle** ladder
    échouer to fail
un **éclair** (flash of) lightning
    éclairer to light
    éclater to break out
un **écrivain** writer
un **écureuil** squirrel
    efficace effective
    égoiste selfish
    eh bien well
    élancé slender
un **électricien** electrician
un **électrophone** record player
    élevé high
un **embarquement** boarding
    embarquer to board, to embark
s' **embêter** to get bored
un **embrayage** clutch
    émigrer to emigrate
    empêcher to prevent
un **emploi** job
    emporter to carry
s' **endormir** to fall asleep
un **endroit** place
s' **énerver** to get upset
un **effet: en effet** as a matter of
    fact; indeed
l' **enfance** *f.* childhood
s' **engager** to join combat; to enlist
un **engin** device
une **énigme** mystery
un **ennemi** enemy
    entier (entière) whole
    entrecroisé crossed
une **entreprise** business firm; factory
    envoyer to send; to drop
    épaissir to thicken
un **épicier, une épicière** grocer
une **époque** time; era; period
    épouvantable awful
    equilibré well balanced
un **équipage** crew
une **équipe** team
une **ère** era
une **escadre** squadron
l' **espoir** *m.* hope

l' **esprit** *m.* mind; spirit
    essayer to try
l' **essence** *f.* gasoline
un **essuie-glace** windshield wiper
    estimer to consider
    établir to establish
s' **établir** to settle
un **étage** floor
un **étang** pond
    étranger (étrangère) foreign
    être issu (de) to come (from)
    étroit narrow
une **étude** study
    eu (*p. part. of* **avoir**)
un **événement** event
    évidemment of course
un **évier** sink
    examiner to examine, to look
    closely at
un **exemplaire** copy
    exercer to practice
un **expatrié** expatriot
    expédier to send
    expérimenter to experience
    exposer to exhibit
une **exposition** exhibit
    exprimer to express

f

une **façon** way
un **facteur** mailman
    faire: faire bouillir to boil *(some-
    thing)* **faire chauffer** to heat
    (something) **faire cuire** to
    cook *(something)* **faire de**
    *(+ sport individuel ou sport
    d'équipe)* to play *(a sport)*
    faire des pieds et des mains to
    increase one's effort
    faire du bruit to make noise
    faire du vélo (de la bicyclette)
    to go bicycle riding **faire la
    connaissance de** to meet
    faire le plein to fill up *(gas
    tank)* **faire le tour de monde**
    to go around the world **faire
    main basse sur quelque chose**
    to steal something **faire
    partie (de)** to be part (of)

faire refroidir to cool *(something)* **faire une promenade (une randonnée) à bicyclette (à vélo)** to take a bicycle ride

un **fait** fact **en fait** in reality **un fait divers** minor news item

un **fana** fan

la **farine** flour

se **fatiguer** to get tired

faut: il faut que it's necessary that; one must

favoriser to favor

le **fer** iron

une **ferme** farm

un **fermier** farmer

une **fête foraine** fair

le **feu** fire **un feu arrière** taillight **un feu doux** low flame

une **feuille de papier** sheet of paper

fier (fière) proud

une **fièvre** fever

figuratif (figurative) figurative

un **film** movie

filmer to film

la **fin** end

se **fixer** to settle

le **flash** flash attachment

une **fleur** flower **une fleur de lis** fleur-de-lis

un **fleuve** (large) river

une **flotte** fleet

une **flûte** flute

une **fois** time **une fois de plus** once more **une fois par an** once a year **à la fois** both

fonder to found

le **foot (le football)** soccer

forcément necessarily

un **forêt** forest, woods

fouetter to whip

un **four** oven **un four à micro-onde** microwave oven

une **fourchette** fork

une **fourmi** ant **avoir des fourmis dans les jambes** to have tingling in one's legs

fragmenté broken

frais (fraîche) cool, fresh

franchement frankly

francophone French-speaking

le **frein** brake

freiner to brake

le **froid** cold **faire un froid de canard** to be very cold **froid** cold

le **fuselage** fuselage

g

une **galerie** gallery

un **garçon** waiter

un **garde-boue** fender

garder to keep **garder la ligne** to keep one's figure

une **gare** train station

gaspiller to waste

un **général** general

génial ingenious

la **glace** mirror; ice

gonfler to inflate

grâce à thanks to

un **grand** great *(person)*

gros (grosse) fat

grossir to gain weight, to get fat

une **guêpe** wasp

une **guerre** war **une guerre mondiale** world war

un **guichet** ticket window

un **guidon** handlebars

une **guitare** guitar

h

habile skillful

habitué accustomed

un **hamster** hamster

le **hasard** chance

Haut les mains! Raise your hands! Stick 'em up!

hélas unfortunately

l' **herbe** *f.* grass

une **heure: à l'heure** on time; per hour

hexagonal hexagonal

un **hexagone** hexagon

une **histoire** story **une histoire drôle** funny story

le **hockey** hockey

homogénéisé smooth

une **horloge** (large) clock

une **hôtesse de l'air** flight attendant

l' **huile** *f.* oil

hurler to howl

i

il y ait there might be
s' **impatienter** to get impatient
incliné sloping
inconnu unknown
un **inconvénient** drawback,
    disadvantage
incroyable unbelievable
indécis indecisive
un **indigène** native
inégal unequal
infatigable tireless
un **infirmier, une infirmière** nurse
injuste unfair
inquiet (inquiète) worried
s' **inquiéter** to worry; to get worried
inscrivez fill in
insensible insensitive
s' **installer (à)** to settle (in); to install
l' **institut** *(m.)* **de beauté** beauty
    salon
interdit forbidden
s' **intéresser (à)** to be interested (in)
intervenir to intervene
une **intrigue** plot
inutile useless

j

un **jaune d'oeuf** egg yolk
un **jeu** game
la **jeunesse** youth
le **jogging** jogging
jouer to play   **jouer de**
    (+ instrument de musique) to
    play *(a musical instrument)*
    jouer à (+ sport nécessitant
    plusieurs joueurs) to play *(a*
    sport)
un **joueur, une joueuse** player
un **journal** newspaper
un **journaliste, une journaliste**
    journalist
des **jumelles** *f. pl.* binoculars
jusqu'à l'ébullition until it comes
    to a boil
juste fair

k

un **kilo** 2.2 pounds
un **klaxon** horn

l

un **lac** lake
la **laine** wool
laisser to leave   **laisser**
    épaissir to let thicken
le **lait** milk
lancer to throw; to launch
un **lapin** rabbit
une **larme** tear
laver to wash
un **lave-vaisselle** dishwasher
la **lecture** reading
le **lendemain** next day
lent slow   **être lent comme une**
    tortue to be slow as a turtle
lentement slowly
un **lézard** lizard   **être paresseux**
    comme un lézard to be as lazy
    as a lizard
une **liaison** link
libre free
un **lieu** place   **au lieu de** instead
    of   **avoir lieu** to take place
la **ligne** figure; waistline
lisant: en lisant by reading
livrer to reveal
une **locomotive** locomotive
loin: au loin in the distance
lointain distant
un **loir** dormouse
longtemps: pendant longtemps
    for a long time
un **losange** diamond   **en losange**
    diamond-shaped
un **loup** wolf   **avoir un faim de**
    loup to be hungry as a wolf
lourd heavy
lui-même himself
lutter to fight

m

une **machine: à la machine** on the
    typewriter
un **maçon (un masson)** mason
maigre skinny

maigrir to lose weight, to get thin

un **maillot de bain** swimming suit

une **main** hand   **à la main** by
hand   **avoir les mains libres**
to be completely free   **faire
main basse sur quelque chose**
to steal something   **mettre la
main sur quelque chose** to take
something

maintenir to maintain

la **malchance** bad luck

le **malheur** unhappiness, misfortune

malheureusement unfortunately

manier to manipulate

manipuler to manipulate; to
handle

une **manoeuvre** maneuver; difficult
manual operation

un **manucure, une manucure**
manicurist

manuel (manuelle) manual; with
one's hands

manufacturer to manufacture

un **manuscrit** manuscript

le **marbre** marble

un **marchand** merchant   **un
marchand de tableaux** art dealer

une **marchandise** commodity

marcher to walk; to run; to function; to move *(at a certain speed)*

la **margarine** margarine

un **marin** sailor

la **marine** navy

une **marque** brand, make

marqué: bien marqué well defined

marquer to score

un **masque** mask

un **masson (un maçon)** mason

un **mât** mast

des **matériaux** *m. pl.* materials

mauvais: il fait mauvais it's bad
weather

un **mécanicien** mechanic

un **médecin** doctor

méfiant suspicious

un **mélange** mixture

mélanger to mix

même even

mener to lead

la **mer** sea

mesurer to be . . . tall

le **métal** (*pl.* **métaux**) metal

métallique metallic

un **métier** trade

mettre to put on; to turn on
mettre la main sur quelque chose
to take something

se **mettre en colère** to get angry

mince slim

une **moisson** harvest

une **montagne** mountain

une **montée** uphill slope

monter (sur) (dans) to get on

une **montre** wristwatch   **une
montre digitale** digital watch

se **moquer (de)** to make fun (of)

la **mort** death

un **moteur** motor

des **mots croisés** *m. pl.* crossword
puzzle

mourir to die

la **mousse au chocolat** chocolate
mousse

un **moustique** mosquito

un **moyen** means

moyen (moyenne) average

une **mule: être têtu comme une mule**
to be stubborn as a mule

un **musée** museum

la **musique** music

n

la **natation** swimming

la **nationalité** nationality

ne . . . que only

nécessiter to require

un **négatif** negative

la **neige** snow

neiger to snow   **il neige**
it's snowing

nettoyer to clean

ni nor

le **nickel** nickel

nombreux (nombreuse) numerous
peu nombreux few

un **nom de famille** last name

normand of Normandy

la **Norvège** Norway

une **note** grade

la **Nouvelle-Angleterre** New England

la **Nouvelle-Écosse** Nova Scotia
les **nouvelles** *f. pl.* news
un **nuage** cloud
la **nuit: en pleine nuit** in the middle of the night
un **numéro de téléphone** telephone number
le **nylon** nylon

o

obéissant obedient
un **objectif** lens
observer to observe, to note
obtenir to obtain
une **occasion: d'occasion** second-hand
occupé busy
s' **occuper (de)** to keep busy (with)
un **oeuf** egg **un oeuf dur** hard-boiled egg
un **oeuvre d'art** work of art
un **officier** officer
une **oie** goose
un **oiseau** bird **avoir un appétit d'oiseau** to eat like a bird
optimiste optimistic
l' **or** *m.* gold
un **orage** *(electric)* storm
un **orchestre** band, orchestra
ordonner to order
l' **origine** *f.:* **à l'origine** in the beginning; originally
oublier to forget
un **ouragan** hurricane
un **ovale** oval
ovale oval

p

la **paix** peace **un traité de paix** peace treaty
le **Palais de Beaux Arts** Palace of Fine Arts
un **paon** peacock **être fier comme un paon** to be proud as a peacock
le **papier** paper
un **papillon** butterfly
un **parc naturel** forest preserve
par-dessus over
le **pare-brise** windshield

parfois sometimes
partir to leave
un **passager** passenger
passer: s'en passer to do without
le **patinage** skating
des **patins** *m. pl.* ice skates
un **pâtissier, une pâtissière** pastry cook
un **pavillon** flag
un **paysage** landscape
une **pédale** pedal
un **pédalier** pedal system
peindre to paint
un **peintre** painter
la **peinture** painting; paint
la **pellicule** film
une **pendule** small clock
penser to think; to intend
un **perroquet** parrot
une **perruche** parakeet
un **personnage** character
peser to weigh
se **peser** to weigh oneself
pessimiste pessimistic
la **pétanque** French bowling game
une **petite annonce** classified ad
peu à peu little by little
la **peur: avoir peur (de)** to be afraid (of)
un **phare** headlight
un **pharmacien, une pharmacienne** druggist, pharmacist
philosophe: en philosophe philosophically
la **photo** photography **faire de la photo** to take photos **une photo** photograph, picture **une photo en couleurs** color photo **une photo en noir et blanc** black and white photo **développer une photo** to develop a photo **prendre une photo** to take a photo **prendre quelqu'un en photo** to take someone's picture
la **photographie** photography
photographier to photograph
un **piano** piano
le **picotement** tingling
une **pièce** coin **une pièce (de théâtre)** play

une **pierre** stone
un **pilote** pilot
un **pinceau** paintbrush
pire worse
une **plage** beach
la **planche à voile** windsurfing
une planche à voile wind surf-
board
le **plastique** plastic
un **plat** serving dish
pleuvoir to rain **il pleut**
it's raining
le **plomb** lead
un **plombier** plumber
la **plongée sous-marine** scuba diving
la **pluie** rain
la **plupart** most
le **plus** most **de plus en plus**
more and more
plusieurs several
un **pneu** tire
une **poêle** skillet, frying pan
le **poids** weight
le **poignet** wrist
un **poisson** fish **un poisson rouge**
goldfish **être heureux comme**
un poisson dans l'eau to be
happy as a fish in water
le **poivre** pepper
un **pont** bridge; deck
un **porte-bagages** luggage rack
un **portefeuille** wallet
porter to bring
se **porter volontaire** to volunteer
une **portière** car door
un **portrait** portrait
poser to put down
posséder to own, to have
la **poste** postal service **la poste**
aérienne air mail
la **poterie** pottery
un **potier** potter
une **poule** hen, chicken **être une**
poule mouillée to be a milque-
toast
pourtant however; nevertheless
pousser to push
pratiqué played
pratiquer *(un sport)* to practice *(a*
sport)
précieux (précieuse) precious

précoce precocious, advanced for
one's age
prédire to predict
premier (première) first; prime
prendre to take, to have
prendre en main quelque chose
to take charge of something
prendre la parole to speak next
prendre sa retraite to retire
prendre une photo to take a
photo **prendre quelqu'un en**
photo to take someone's
picture
un **prénom** first name
se **préoccuper (de)** to worry, to be
concerned (about)
près: aussi près que as near as
prêt ready
une **prévision** forecast
prévoir to foresee, to forecast
un **principe: en principe** as a rule
un **prix** prize
prodigieux (prodigieuse) amazing
un **produit** product
un **professeur** teacher, professor
une **profession** profession
un **programmeur, une programmeuse**
computer programmer
un **projet** plan
se **promener** to walk
propre own
protéger to protect
publier to publish

q

un **quai** platform
un **quart** one-quarter **trois quarts**
three-quarters
un **quartier** district
quelle que soit whatever
quelques a few
une **queue** tail
une **quille** bowling pin
quitter to leave a place; to take
leave of someone
quotidien (quotidienne) daily

r

raccrocher to hang up *(telephone)*
ralentir to slow down

un	**rapide** fast	

rapide fast
rappeler to recall
un **rapport** report
un **raton laveur** raccoon
récemment recently
un **recensement** census
une **récepteur** receiver
une **recette** recipe
recevoir to receive
un **récit** narrative, story
recommencer to begin again
reconnaître to recognize
un **rectangle** rectangle
rectangulaire rectangular
rectiligne rectilinear
reçu (*p. part. of* **recevoir**)
redevenir to become again
redevenu (*p. part. of* **redevenir**)
redouter to fear
réellement really
réfléchir to reflect
un **réfrigérateur** refrigerator
regarder to look at, to watch
un **régime** diet **suivre un régime** to be on a diet
régner to reign
regretter to miss
une **reine** queen
le **relief** relief
remarquer to notice
remettre to give
remonter to go back
rempli (de) filled (with)
remplir to fill
remuer to stir
un **renard** fox **être rusé comme un renard** to be sly as a fox
se **rendre compte** to realize
renouveler to renew
renverser to spill
réparer to repair
repartir to leave again
se **reposer** to rest
reprendre to take back; to go back to; to take up again
repris (*p. part. of* **reprendre**)
une **requête** request
un **réservoir** gas tank
résolu (*p. part. of* **résoudre**)
résoudre to solve
rétablir to reestablish

se **rétirer** to withdraw
se **retrouver** to find oneself
réuni assembled **être réuni** to meet
un **rêve** dream
un **réveil** alarm clock
reveillé awakened
se **réveiller** to wake up
révéler to reveal
revendre to sell; to resell
rêver to dream
une **révision** review
revoir to see again; to review
une **revue** magazine; parade
une **rivière** river
un **rocher** rock, boulder
un **roi** king
un **roman** novel **un roman policier** detective story
rond round, circular
une **rondelle** hockey puck
une **roue** wheel **une roue avant** front wheel **une roue arrière** rear wheel
rouler to ride; to move along
une **route** road
un **ruisseau** brook
rusé sly

s

le **sable** sand
sale dirty
une **salière** salt shaker
saluer to greet
sans doute no doubt
la **santé** health
sauf except
sauter to jump
sauvage wild
un **saxophone** saxophone
un **sculpteur** sculptor
une **sculpture** sculpture
le **secours** aid
le **sel** salt
une **selle** seat
selon according **selon vous** in your opinion
sembler to seem

le **sens** sense; meaning **le bon
sens** common sense **le
sens commercial** business
sense
sensible sensitive

le **sérieux: avec beaucoup de sérieux**
very seriously

une **serveuse** waitress

le **seul** the only one
seul only; alone
seulement only

un **siècle** century

la **signification** meaning
signifier to mean

la **silhouette** figure

le **ski** skiing **des skis** skis

la **soie** silk
soit is

le **sol** ground

un **soldat** soldier

le **soleil** sun

le **sommeil: avoir sommeil** to be
sleepy

un **somnambule** sleepwalker

un **somnifère** sleeping pill
somnoler to doze

un **son** sound

un **sondage** poll
sonner to ring

une **sonnerie** bell; ring

une **sortie** exit
sortir to go out **sortir de
(+ noun)** to get out, to leave
sortir (+ direct object) to take
something out
soudain suddenly

une **souris** mouse
sous under
soyez . . . ! be . . . !

un **steward** flight attendant

le **sucre** sugar
suffisament sufficiently
suivre to follow **suivre un
régime** to be on a diet
superflu extra
supplémentaire additional
supprimer to abolish; to cut out
sur on; out of
surtout especially, principally,
mainly

surveiller to watch **surveiller la
ligne** to watch one's figure

t

un **tableau** picture; painting

la **taille** height
tant pis! too bad!

une **tasse** cup

un **taureau** bull

un **télégramme** telegram

le **télégraphe** telegraph

le **téléphone** telephone

une **tempête** storm **une tempête
de neige** snowstorm

le **temps** weather; time **de temps
en temps** from time to time
tenez! look!
tenir à to hold in
terminer to finish

un **terrain aménagé** planned campground

la **terre** land, earth
têtu stubborn

le **textile** textile

le **thé glacé** iced tea

le **tiers** one-third
tirant: en tirant dessus by hitting
it
tirer (sur) to shoot, to fire (at)

le **tissu** fabric, material

le **toit** roof

une **tortue** turtle **être lent comme
une tortue** to be slow as a
turtle
tour à tour by turns

se **tourmenter** to worry
tout all; very **tout à fait**
completely **tout d'un coup**
suddenly **tout le monde**
everybody

une **tracasserie** annoyance

un **trafiquant** illegal trader

un **traité** treaty **un traité de paix**
peace treaty

le **transport** transportation

un **travail manuel** craft
traverser to cross

un **triangle** triangle
triangulaire triangular

une **trompette** trumpet
un **troupeau** herd
tuer to kill

u

utile useful

v

une **vache** cow
la **valeur** validity; value
une **valise** suitcase
la **vapeur** steam
un **vélo** bicycle **aller à vélo** to go by bicycle
la **vendange** grape harvesting
un **vendeur, une vendeuse** sales-person
venir to come
le **vent** wind
le **verglas** *(sheet of)* ice
le **verre** glass *(material);* (drinking) glass
vers toward; around
verser to pour **verser des larmes** to shed tears
une **victoire** victory
vide empty
le **vinaigre** vinegar
viser to aim

un **viseur** view finder
la **visibilité** visibility
vite quickly
la **vitesse** speed
vivre to live
un **voeu** good wish
voilà . . . que ago; for
voir to see
la **voix** voice
un **vol** flight
un **volant** steering wheel
voler to steal; to fly
le **volley (le volleyball)** volleyball
une **voyante** fortune teller
voyons! come on!
la **vue** sight, view; eyesight

w

un **wagon** car *(of a train)* **un wagon de deuxième classe** second-class car **un wagon de première classe** first-class car **un wagon-restaurant** dining car

y

y a-t-il . . .? is there . . .?
les **yeux** *m. pl.* eyes **les yeux bandés** blindfolded

Photo credits

Mark Antman 47, 106; Bibliothèque Nationale 81; Bildarchiv Preussischer Kulturbesitz, Berlin 102; J. Bottin 82; Stuart Cohen 3, 9 (right), 34, 43, 44, 55, 71, 77, 79, 98; EPA/Basel Public Art Collections 83; Giraudon 102; Beryl Goldberg 7, 8, 9 (left), 22, 23, 27, 39, 41, 64, 76, 84, 87, 96, 108; Historical Pictures Service, Chicago 21 (right), 49, 58, 112; Peter Menzel 1, 17; United Press International 61, 75; R.M. Valette 117, 118; Jacques Verroust cover, 97.

Courtesy of French Embassy 21 (left), 57; courtesy of Air France 101.

2 3 4 5 6 7 8 9 10